안식과 평강의 샘

하나님이 가라사대

"쉬면서 하거라"

박형용 편저

And God said,

"Rest is not a waste."

Hyung Yong Park

● 안식과 평강의 샘 ●

하나님이 가라사대

"쉬면서 하거라"

박형용 편저

| 저자의 말

요즈음 세상을 경쟁사회라고 한다. 그래서 그런지 많은 사람이 달리면서 산다. 달리지 않으면 뒤질 것 같고, 패배자가 될 것 같은 생각이다. "빨리 빨리"가 우리 귀에 익은 표현일 수밖에 없는 이유가 여기에 있다. 그런데 아무리 잘 달려도 삶의 의미도 모르고 달리면 결국 후회할 수밖에 없다. 아무리 일등을 했어도 인류와 사회에 유익한 삶을 살지 못했다면 큰 의미가 없는 삶을 산 것이다.

그래서 본서는 우리의 삶의 가치를 높이고자 의도된 것이다. 잠시 우리의 삶을 되돌아보고 다른 사람들이 어떻게 살았는지를 묵상하므로 우리의 삶의 궤도를 바로 잡자는 것이다. 잠시 발을 멈추고, 아니면 잠시 속도를 늦추어서 우리의 삶을 즐거운 삶, 유익한 삶으로 전환하는 계기를 마련하자는 것이다.

시대가 시대인 만큼 우리는 열심히 달리게 되어 있다. 우리가 살고 있는 오늘날은 스트레스도 많고, 병도 쉽게 얻고, 삶의 의지마저도 내려놓을 수 있는 시대이다. 그래서 많은 사람들이 자살이라는 극단적인 선택을 하기도 한다. 그러나 하나님이 우리에게 주신 삶은 고귀한 것이다.

이 책은 우리를 잠시 울게 하고, 웃게 하고, 감사하게 하고, 정신 차리게 하는 내용들로 가득 차 있다. 이 책을 읽는 모든 사람들에게 이 책의 내용들이 활력소를 제공할 수 있기를 소원한다. 그리고 모든 독자들이 멋진 삶을 이어 갈 수 있기를 바란다.

편저자
박 형 용

contents

3부 지혜의 약수

4부 웃음의 바다

5부 재치의 분수

6부 정보의 강

1부

감동의 옹달샘

맥킨토쉬와 로센의 헌신적 사랑

맥킨토쉬(Robert McIntosh)는 현재 아칸소 주 리틀 락(Little Rock, Ark)에 살고 있다. 그가 어렸을 때 아버지는 11자녀를 먹여 살리기 위해 두 직장이나 세 직장을 다니면서 생계비를 벌었기 때문에 Christmas를 제대로 보낸 적이 한 번도 없었다. 그래서 맥킨토쉬는 리틀 락(Little Rock)에 살고 있는 어린이들은 자신과 같은 경험을 갖지 않도록 하기 위해 지난 17년 동안 싼타 크로스(Santa Claus)의 옷을 입고 자신의 빨강 소형 트럭을 타고 다니면서 선물을 나누어주곤 했다. 그는 리틀 락(Little Rock)에서 2개의 음식점을 경영하고 있는데 지난 5년 동안에 자신의 많은 돈을 사용하여 선물을 사서 나누어주곤 했다. 그런데 지난해(1992)에는 203명의 아이들을 백화점으로 데리고 가서 한 아이 당 $50에 해당하는 선물을 사도록 하여 $11,000을 쓰기도 했다.

맥킨토쉬(McIntosh)는 "다른 사람들에게 기쁨을 가져다주는 운동"을 크리스마스 하루만 하기보다는 일 년 내내 하는 것이 좋다고 생각하여 감사절 때는 터기(Turkey) 고기를 많이 준비하여 저녁을 잘 차린 후 부자이건 가난하건, 흑인이건 백인이건 할 것 없이 외로운 사람은 모두 초청하여 저녁을 대접했다. 지난 해(1992년)에 1,200명에게 감사절 식사를 대접했고 그는 아주 좋은 시간을 보냈다고 말한다.

어머니날에는 500개의 “단 고구마 파이”(sweet-potato pie)를 양로원에 보냈고, 주일날에는 노인들을 저녁에 초대한다. 맥킨토쉬(McIntosh)는 시내를 청소하는 청소 팀을 조직하고 청소년 센타를 건립해서 운영하고 있다.

“1970년 성탄절이 임박해 오자 알버트 로센(Albert Rosen)이라는 가전 제품상을 운영하는 사람이 지방신문에 광고를 게재했다. 그의 제의는 다음과 같았다. 자신은 유대인이기 때문에 크리스마스를 지키지 않는데 어떤 크리스찬이 가정에서 가족들과 함께 크리스마스 전날 밤을 같이 보내기 원한다면 그 사람을 위해 임금을 받지 않고 일해 주겠다는 것이었다. 로센(Rosen)은 10여개 이상의 요청을 받았고, 그는 9년 동안이나 직장 때문에 크리스마스 이브를 가족과 함께 보낼 수 없었던 도시 남쪽에 있는 술집의 바텐더대신 일하기로 했다.

로센(Rosen)의 작은 사랑의 친절이 그가 살고 있는 밀와키(Milwaukee)뿐만 아니라 전 세계적으로 그를 유명하게 만들었다. 그의 친절의 이야기가 신문매체를 통해, 방송을 통해 전달되고 미국 대통령이 친서를 보내고 표창장을 보내게 되었다. 로센(Rosen)은 “나는 이런 소란을 피우기 원치 않고 단순히 8시간 일하고 집에 가기 원하는 마음으로 그렇게 했을 뿐인데"라고 소박하게 말한다. 로센은 그 다음 해도, 또 그 다음 해도 계속해서 크리스마스 이브 때면 다른 사람을 위해 디스크 쟈키(disc jockey)도 해보고, 경비원도 해보고, 레크리에이션 담당자도 해보았고, 우체국에서 우편 취급자 역할도 해보았다.

로센에게 병원에서도 많은 요청을 해왔다. 로센의 영향을 받아 밀와키(Milwaukee)의 공회당에서 많은 사람들이 이 일에 동참했고, 결국 많은 기독교인들은 유대인들의 공휴일에 유대인들을 위해 같은 친절을 베풀게 되었다. 그래서 한 사람 로센의 영향으로 서로 친절을 베풀게 되었다. 여기서 우리는 "친절은 전염병과 같다"(Kindness is contagious.)라는 교훈을 배운다.

박형용 전언

반칙과 특권

노무현 대통령은 취임사 중에서 "반칙과 특권이 용납된 시대는 지났다"라고 말했다. 그 말은 많은 사람에게 감동을 남겼다. 하지만 그의 자살(2009년)은 원칙이 아니요 반칙이었다.

사랑하는 부모님!
(Dear Parents)

가장 사랑하는 부모님, 우리들의 결혼식 날에 제 남편과 나는 서로에게 서약하고 약속하면서 부모님께도 또한 이 약속을 했습니다. 제가 저의 남편을 저의 마음과 삶에 받아 들였지만, 저는 사랑하는 부모님도 저의 마음과 삶에서 항상 잊지 않을 것을 약속합니다.

"이날 우리들의 사랑은 나뉘지 않았음을 알아주시고, 오히려 배가되었음을 아시기 바랍니다. 부모님은 제 남편과 제가 오늘 공유하는 사랑과 약속의 전부를 얻으신 것입니다."

"왜냐하면 제가 제 남편을 사랑하고 소중히 여길 수 있는 것은 부모님께서 먼저 저를 사랑하고 소중히 여겨 주셨기 때문입니다."

("Dearest Parents: On our wedding day, as my husband and I take our vows and make promises to each other, I make this promise to you as well. Even as I take him into my heart and life, I promise to keep you, parents dear, in my heart and life always.

"On this day, know that our love is not divided; it is multiplied, and you are embraced with the full measure of love and promises that he and I share here today.

"For I know that I am able to love and cherish him so much because you loved and cherished me first.")

편저자 박형용 번역

(그럼에도 불구하고, p. 105에 있으나 여기서는 영어와 함께 소개한다.)

장로가 목사에게 주는 두 가지 권면

다음은 아버지 홍장로님이 아들 홍정길 목사에게 목사 안수 받은 날 하신 말씀이다.

① "죄송하다"는 말을 할 줄 알아야 한다.

② "고맙습니다"라는 말을 할 줄 알아야 한다.

2004. 8. 26(목)
합동신학대학원 경건회 설교 중
홍정길 목사 증언

출세하려면 국회의사당으로

정경철 선교사(합신 11회)가 신학교를 정하려고 할 때 여러 신학교 방문 후 합신에 왔다. 경건회 시간에 박윤선 목사님이 설교하셨다.

박윤선 목사님께서 "유명해지고 출세하려고 왔으면 잘 못 왔습니다. 국회의사당으로 가십시요."

"돈을 벌려고 오셨습니까? 사업을 하셔야죠."

"오로지 예수 그리스도만 믿고 그를 위해 죽기로 작정하신 분은 잘 오셨습니다."라고 말씀하셨다.

2004. 9. 9(목)
정경철 선교사 증언

망할 때도 능력 있게 망한다.

고 박윤선 목사(1988. 6. 30 소천)는 성경 지식을 항상 강조했다.

그는 "능력이 있고 지식이 없으면 망할 때도 능력 있게 망한다." 라고 성경 지식을 강조했다.

2004. 2. 22
송파제일교회 11시 예배 시
나경수 선교사

죽을 각오로 심방하라

박윤선 목사님 살아 계실 때(1988년 6월 30일 소천) 한번은 합동신학대학원 종강 예배의 설교말씀 중에 다음과 같은 말씀을 하셨다.

"여러분이 목회자가 되어 심방을 할 때 하루에 세 집을 방문하도록 스케줄이 잡혀 있을지라도 처음 집 대충 방문하고 그 다음 집, 그리고 또 그 다음 집을 심방하지 말고, 처음 집에서 죽을 각오로 말씀을 전하고, 하나님이 살려주시면 그 다음 집을 심방하도록 하라"

고 말씀하셨다.

박형용 전언

공부해서 남 주자!

높은 뜻 숭의교회 담임 목사인 김동호 목사는 "공부해서 남 주나!"를 "공부해서 남 주자"로 바꾸어야 한다고 말했다.

송파제일교회 설교에서
배영진 목사 전언

어느 식당 주인의 성실한 약속

호반의 도시 강원도 춘천!
소양호가 내려다보이는
아름다운 도지골 등 나무집은
허기를 달래기 위해 찾아간 횟집입니다.

반가이 맞아주는 종업원을 따라
어느 작은 방으로 안내되어
정갈하고 맛난 음식을 먹었습니다.

남편의 고향이 강원도 인제라서 그런지
음식들이 입에 짝짝 붙는다고 하더군요.

포만감 가득한 배를 두드리며
계산을 하기 위해 나왔을 때
남편의 신발이 없어진 걸 알았습니다.
대신 작은 구두 하나가 놓여있었습니다.

어안이 벙벙했습니다.
밖에는 이슬비가 내리고 있었고

바뀐 신발은 너무 작아 신을 수도 없고…
참으로 난감한 상황이었지요.

식당 주인은 죄송하다며 신발을 바꿔갔으리라
짐작되는 사람의 카드 매출전표를 찾아
카드사로 연락을 해서 전화번호를 확인해
신발을 꼭 돌려주겠다고 하더군요.

만약 못 찾을 경우엔 신발값과
약소한 선물까지 함께 보내주겠다며
공손하게 약속을 했습니다.

하는 수 없이 슬리퍼를 신고 식당을 나와
소양호와 청평사를 보고 돌아왔습니다.

이런 경험도 추억이 되겠구나 싶어
까맣게 잊어버리고 살았습니다.
약속을 하긴 했지만 믿지는 않았죠.
세상이 워낙 믿을 수 없게 돌아가니까요.
그러던 어느 날, 택배가 왔습니다.
보름이 지나서야 어렵게 연락이 닿았다며
늦게 보내 죄송하다는 말과 함께

남편의 구두를 구두 곽에 잘 포장해서
곱게 넣고 단단하게 묶어 보냈더라고요.
아 ~ 세상에 이런 분도 있구나!!
귀찮아서 알고도 모른 척 지나쳐 버리는 것이
세상인심이라 생각했는데 낡은 구두를
주인에게 찾아주기까지 마음을 쓰셨을
식당 사장님이 너무나 고마웠습니다.

"사장님, 너무 감사해요.
건강하시고 다음에 꼭 찾아뵙겠습니다."

사랑 밭 새벽편지
이선화

가시고기의 애틋한 부성애

가시고시 수컷은 먼저 암컷들이 알을 낳을 수 있도록 자신의 입으로 모래를 파고 돌을 옮기고 나무와 덤불들을 운반해서 복음자리를 만든다. 복음자리가 완성되면 가시고시 수컷은 암컷을 초청해서 알을 낳도록 도와준다. 그리고 가능한 많은 새끼를 부화하기 위해 다른 가시고기 암컷도 초청하여 알을 낳게 한다. 그런 후 자신이 알들 위에 수정을 한다. 그리고 가시고기 수컷은 알이 안전히 부화할 수 있도록 자신의 날개로 온도를 조절하고 알을 먹기 위해 침입하는 적들을 물리친다. 가시고기 수컷은 아무것도 먹지 않고 15일 동안 알들의 안전을 위해 희생한다. 그리고 15일 후 알들이 부화되면 자신은 힘이 빠져 죽는다. 그리고 가시고기 수컷은 자신의 주검을 가시고기 새끼들의 먹이로 내어 놓는다.

도마뱀의 헌신과 우정

1960년대 일본 동경올림픽 때 메인스타디움 확장 공사로 인해 경기장 진입로에 있던 한 집이 헐리게 됐다. 당시 생물학과 교수였던 아베 박사는 지은 지 3년 된 이 집 담장의 기왓장을 들어냈다. 그 순간 그는 하반신에 못이 박힌 한 도마뱀이 발버둥치고 있는 것을 보게 됐다. 아베 박사가 도마뱀의 몸을 관통하고 있는 이 못을 자세히 살펴보니 분명 3년 전 이 집을 지을 때 박은 못이 틀림없다는 것을 확인했다. 그런데 신기한 점은 이 못에 박힌 도마뱀의 건강이 매우 좋은 편이라는 것이다. 그렇다면 도마뱀은 3년 동안 무엇을 먹고 살 수 있었을까? 아무리 자신의 생물학 지식을 동원해도 아베 박사는 이해할 수 없었다. 그래서 그는 며칠 동안 공사를 중단시키고 이를 관찰하기로 했다. 며칠을 지켜 본 아베 교수는 깜짝 놀랐다. 다른 동료 도마뱀이 하루에 몇 차례씩 이 못에 박힌 도마뱀에게 먹이를 가져와 먹여 살리는 광경을 보았기 때문이다. 아베 교수는 먹이를 물어다 준 도마뱀의 극진한 정성에 감탄하며 도마뱀을 붙잡아 둔 그 못을 뽑아주었다고 한다.

서현교 기자

목사님, 우리 목사님

서울의 난곡동 입구에 「유신 감리교회」가 있다. 이 교회는 유인상 목사가 개척 설립했는데 후에 원주에서 목회하고 계신 부친이신 유영택 목사님을 담임 목사님으로 모셨다. 유영택 목사님은 은퇴하실 때까지 그곳에서 목회를 하셨다. 성도들은 유목사님의 신앙과 인품이 너무 고결하여 유목사님의 말이라면 곧이 곧 대로 믿는 상황이었다. 한 번은 이런 일이 있었다. 유신 감리교회는 원래 장로들을 뽑을 때 성도들의 인준을 받게 되어 있었는데 유목사님이 장로 선택 방법을 잘 몰라서 몇 사람을 장로로 임명하게 되었다. 그 때 교회 지도자 몇 사람이 불평하자 「유신 감리교회」 성도들은 목사님이 혹시라도 상처받으실까봐서 입조심하고 또 유목사님이 임명한 모든 사람이 장로로 적합한 사람들이라고 이구동성으로 유목사의 잘못을 감싸기 위해 모두 입을 조심하기까지 했다. 유신 감리교회 성도들은 유영택 목사님을 "난곡동의 성자"로 모신다. 목사님은 성도들을 만날 때 90도 각도로 머리를 숙인다. 그래서 성도들도 목사님을 뵐 때마다 92도 각도로 인사를 드린다.

유영택 목사님이 「유신 감리교회」에서 은퇴 하신 후 아들 유인상 목사와 함께 미국으로 가시게 되었다. 그 때 교회가 유목사님에게 퇴직금을 드리니까 유목사님께서 "하나님은 살아 계신다. 하나님은 미국에서도 나를 먹여 주실 것이다. 그런데 퇴직금은 무슨 퇴직금이야! 주님의 종이 언제 퇴직금 가지고 먹고 사느냐!" 라고 말씀하시면서 퇴직금을 받지 않으셨다.

그런데 유영택 목사님이 2003년 81세의 생을 마감하고 미국에서 하나님의 부르심을 받았다. 그 때 「유신 감리교회」에서 조의금으로 500만원을 아들이신 유인상 목사님에게 보냈다. 조의금을 받은 유인상 목사님은 어려운 사람을 돕는데 쓰거나 어려운 학생에게 장학금으로 쓰라는 말과 함께 500만원에 200만원을 보태서 700만원을 교회에 보내 왔다.

2008년 종로5가 정치과 정재영 원장 증언

개혁은 실력이다.

개혁은 실력이다. 개혁은 경건의 실력, 진리의 실력, 말씀의 실력에 달려 있다. 실력이 없으면 개혁을 할 수가 없다. 실력을 쌓기 위해서는 말씀의 쟁기를 붙들고 묵은 땅을 기경해야 한다(호 10:12).

성주진 교수

2005. 3. 3(목)

합신 경건 예배에서

세상에서 가장 값진 선물

경기도 소재 태광 고등학교의 이강국 선생님이 경험한 내용이다. 어느 날 태광 고등학교 학생과에서 연락이 왔다. 이 선생님 반의 한 학생이 학교 규정상 신지 말아야 할 신발, 입지 말아야 할 옷 그리고 흡연 등 때문에 벌점이 너무 많아 부모님을 호출해야 한다고 했다. 이 선생님은 이 학생의 집을 방문해서 그 사정을 알고 있었기에 할 말을 잃고 말았다. 이 학생의 식구는 다섯 식구인데 좁은 방 한 칸에 살고 있었다. 아버지는 공사장에서 다친 환자였고, 어머니는 학생이 초등학교 때 집을 나갔다. 할머니는 연로하셔서 거동이 불편하시고 두 명의 동생은 아직 너무 어렸다. 이 학생은 옷과 신발을 살 돈이 없어서 이모의 옷을 입고 신을 신을 수밖에 없었던 것이다. 이 선생님은 섣불리 학생에 대해 단정해 버린 과거의 과오 때문에 방문한 날 잠을 이루지 못했다.

이 선생님은 이 학생과의 만남을 결코 헛되이 하고 싶지 않아 다음 날부터 아주 작은 것에서부터 관심의 말을 걸었다. 학생은 서서히 변해갔고 한 가지에 집중할 수 있게 되었고 학급 일에도 적극적이 되었다. 학생의 생활에 마침내 생기가 도는 듯 했다.

스승의 날, 이 선생님이 교무실에 앉아 있는데 그 학생이 두 손에 뭔가를 들고 들어왔다. 꽁꽁 싸맨 신문지 안에 삶은 고구마가 담겨 있었다. 스승의 날에 자신의 마음을 표현하고 싶은 뭔가를 고민하다가 적당한 게 없어서 시골 이모 집에서 가져온 고구마를 이 선생님에게 준 것이다. 이 선생님은 도망치듯 나가는 그 학생의 뒷모습을 바라보면서 세상에서 가장 값진 선물을 받았다고 생각했다. 이 선생님은 가슴이 뭉클함을 느꼈다.

교육신문 3월호
이강국 경기 태광고 교사 증언

행복한 조선국

조선국에 현격히 성령이 임하셨다고 들었습니다.

행복한 조선국. 그대는 지금 정치적 자유와 독립을 잃었지만, 그 영적 자유와 독립을 얻고 있습니다.

저는 원합니다. 예전에 동양 문화의 중심이 되어, 이 일본에까지 그 영향을 끼친 그대가, 이제는 다시 한 번 동양 복음의 중심이 되어, 그 빛을 사방으로 발할 것을 원합니다.

하나님은 조선국을 경시하지 않으십니다. 하나님은 조선인을 사랑하고 계십니다.

그대들에게 군대와 군함을 주시지는 않았지만, 그보다 나은 강력한 성령님을 내려 주셨습니다.

조선국은 실망할 필요가 없습니다.

그 옛날, 유다가 정치적 자유를 잃어버림으로써 기독교를 낳고, 유럽 제국을 교화(教化)한 것처럼, 조선국 또한 정치적 자유를 잃어버린 지금, 하나님은 새로이 하나님의 복음을 접목시켜 동양 제국을 교화(教化)하게 되었습니다.

저는 조선국에 새롭게 성령이 임하심을 듣고, 동양의 장래에 커다란 소망을 간직하게 되었습니다. 아울러 하나님의 섭리가 인간의 생각을 뛰어넘고, 광대하며, 위대하다는 사실에 놀라고 있습니다.

1907년 10월 「성서 연구」
우찌무라 간조

· 1903년의 「만조보(万朝報)」에는 「위험한 일본국」이라는 글이 있습니다.
· '그대'라고 번역하였지만, 조선을 '그녀'라고 논하고 있습니다. '그대'라고 번역한 것은 저 자신이 이해하기 위해서입니다.

아내에게

저만치서 허름한 바지를 입고
엉덩이를 들썩이며 방걸레질을 하는 아내…
"여보, 점심 먹고 나서 베란다 청소 좀 같이 하자."
"나 점심 약속 있어."

해외출장 가 있는 친구를 팔아 한가로운 일요일,
아내와 집으로부터 탈출하려 집을 나서는데
양푼에 비빈 밥을 숟가락 가득 입에 넣고
우물거리던 아내가 나를 본다.
무릎 나온 바지에 한쪽 다리를 식탁위에
올려놓은 모양이 영락없이 내가 제일 싫어하는
아줌마 품새다.

"언제 들어 올 거야?"
"나가봐야 알지."

시무룩해 있는 아내를 뒤로하고 밖으로 나가서,
친구들을 끌어 모아 술을 마셨다.
밤 12시가 될 때까지 그렇게 노는 동안,

아내에게 몇 번의 전화가 왔다.
받지 않고 버티다가 마침내는 배터리를 빼 버렸다.

그리고 새벽 1시쯤 난 조심조심 대문을 열고 들어왔다.
아내가 소파에 웅크리고 누워 있었다.
자나보다 생각하고 조용히 욕실로 향하는데
힘없는 아내의 목소리가 들렸다.

"어디 갔다 이제 와?"
"어. 친구들이랑 술 한 잔…. 어디 아파?"
"낮에 비빔밥 먹은 게 얹혀 약 좀 사오라고 전화했는데…"
"아… 배터리가 떨어졌어. 손 이리 내봐."

여러 번 혼자 땄는지 아내의 손끝은 상처투성이였다.

"이거 왜 이래? 당신이 손 땄어?"
"어. 너무 답답해서…"
"이 사람아! 병원을 갔어야지! 왜 이렇게 미련하냐?"

나도 모르게 소리를 버럭 질렀다.
여느 때 같으면, 마누라한테 미련하냐는 말이 뭐냐며

대들만도 한데, 아내는 그럴 힘도 없는 모양이었다.
그냥 엎드린 채, 가쁜 숨을 몰아쉬기만 했다.
난 갑자기 마음이 다급해졌다.
아내를 업고 병원으로 뛰기 시작했다.

하지만 아내는 응급실 진료비가 아깝다며
이제 말짱해졌다고 애써 웃어 보이며
검사받으라는 내 권유를 물리치고 병원을 나갔다.

다음날 출근하는데, 아내가 이번 추석 때
친정부터 가고 싶다는 말을 꺼냈다.
노발대발 하실 어머니 얘기를 꺼내며 안 된다고 했더니
"30년 동안, 그만큼 이기적으로 부려먹었으면 됐잖아.
그럼 당신은 당신 집 가, 나는 우리 집 갈 테니깐."

큰소리친 대로, 아내는 추석이 되자,
짐을 몽땅 싸서 친정으로 가 버렸다.
나 혼자 고향집으로 내려가자,
어머니는 세상천지에 며느리가 이러는 법은
없다고 호통을 치셨다.
결혼하고 처음. 아내가 없는 명절을 보냈다.
집으로 돌아오자 아내는 태연하게 책을 보고 있었다.

여유롭게 클래식 음악까지 틀어놓고 말이다.

"당신 지금 제정신이야?"
"......"
"여보 만약 내가 지금 없어져도,
당신도 애들도 어머님도 사는데 아무 지장 없을 거야.
나 명절 때 친정에 가 있었던 거 아니야.
병원에 입원해서 정밀 검사 받았어.
당신이 한번 전화만 해봤어도 금방 알 수 있었을 거야.
당신이 그렇게 해주길 바랐어."

아내의 병은 가벼운 위염이 아니었던 것이다.
난 의사의 입을 멍하게 바라보았다.
'저 사람이 지금 뭐라고 말하고 있는 건가,
아내가 위암이라고? 전이될 대로 전이가 돼서,
더 이상 손을 쓸 수가 없다고?
삼 개월 정도 시간이 있다고…
지금, 그렇게 말하고 있지 않은가.'

아내와 함께 병원을 나왔다.
유난히 가을 햇살이 눈부시게 맑았다.
집까지 오는 동안 서로에게 한마디도 할 수가 없었다.

엘리베이터에 탄 아내를 보며,
앞으로 나 혼자 이 엘리베이터를 타고
집에 돌아가야 한다면 어떨까를 생각했다.
문을 열었을 때, 펑퍼짐한 바지를 입은 아내가 없다면,
방걸레질을 하는 아내가 없다면,
양푼에 밥을 비벼먹는 아내가 없다면,
술 좀 그만 마시라고 잔소리해주는 아내가 없다면,
나는 어떡해야 할까…

아내는 함께 아이들을 보러 가자고 했다.
아이들에게는 아무 말도 말아달라는 부탁과 함께.
서울에서 공부하고 있는 아이들은,
갑자기 찾아온 부모가 그리 반갑지만은 않은 모양이었다.
하지만 아내는 살가워하지도 않은 아이들의 손을 잡고,
공부에 관해, 건강에 관해, 수없이 해온 말들을 하고 있다.
아이들의 표정에 짜증이 가득한데도,
아내는 그런 아이들의 얼굴을 사랑스럽게 바라보고만 있다.
난 더 이상 그 얼굴을 보고 있을 수 없어서 밖으로 나왔다.

"여보, 집에 내려가기 전에…
어디 코스모스 많이 펴 있는 데 들렀다 갈까?"
"코스모스?"

"그냥… 그러고 싶네. 꽃 많이 펴 있는 데 가서,
꽃도 보고, 당신이랑 걷기도 하고…"

아내는 얼마 남지 않은 시간에 이런 걸 해 보고 싶었나보다.
비싼 걸 먹고, 비싼 걸 입어보는 대신,
그냥 아이들 얼굴을 보고,
꽃이 피어 있는 길을 나와 함께 걷고…

"당신, 바쁘면 그냥 가고…"
"아니야. 가자."

코스모스가 들판 가득 피어있는 곳으로 왔다.
아내에게 조금 두꺼운 스웨터를 입히고
천천히 걷기 시작했다.

"여보, 나 당신한테 할 말 있어."
"뭔데?"
"우리 적금, 올 말에 타는 거 말고, 또 있어.
3년 부은 거야. 통장, 싱크대 두 번째 서랍 안에 있어.
그리구… 나 생명보험도 들었거든.
재작년에 친구가 하도 들라고 해서 들었는데,
잘했지 뭐. 그거 꼭 확인해 보고…"

… 당신 정말… 왜 그래? …
"그리고 부탁 하나만 할게. 올해 적금 타면,
우리 엄마 한 이백만원 만 드려.
엄마 이가 안 좋으신데, 틀니 하셔야 되거든.
당신도 알다시피, 우리 오빠가 능력이 안 되잖아. 부탁해."

난 그 자리에 주저앉아 울고 말았다.
아내가 당황스러워하는 걸 알면서도, 소리 내어… 엉엉…
눈물을 흘리며 울고 말았다.
이런 아내를 떠나보내고… 어떻게 살아갈까…

아내와 침대에 나란히 누웠다.
아내가 내 손을 잡는다.
요즘 들어 아내는 내 손을 잡는 걸 좋아한다.

"여보, 30년 전에 당신이 프러포즈하면서 했던 말 생각나?"
"내가 뭐라 그랬는데… "
"사랑한다, 어쩐다 그런 말, 닭살 맞아서 질색이라 그랬잖아?"
"그랬나?"
"그 전에도 그 후로도, 당신이 나보고
사랑한다 그런 적 한 번도 없는데, 그거 알지?

어쩔 땐 그런 소리 듣고 싶기도 하더라."

아내는 금방 잠이 들었다.
그런 아내의 얼굴을 바라보다가, 나도 깜박 잠이 들었다.
일어나니 커튼이 뜯어진 창문으로,
아침햇살이 쏟아져 들어오고 있었다.

"여보! 우리 오늘 장모님 뵈러 갈까?"
"장모님 틀니… 연말까지 미룰 거 없이, 오늘 가서 해드리자."
"……."
"여보… 장모님이 나 가면, 좋아하실 텐데…
여보, 안 일어나면, 안 간다! 여보?!… 여보!?…"

좋아하며 일어나야 할 아내가 꿈쩍도 하지 않는다.
난 떨리는 손으로 아내를 흔들었다.
이제 아내는 웃지도, 기뻐하지도, 잔소리 하지도 않을 것이다.
난 아내 위로 무너지며 속삭였다. 사랑한다고…
어젯밤… 이 얘기를 해주지 못해 미안하다고…

- 새벽편지 가족

아내를 떠나보낸 절절한 심정이
이 새벽 우리 가슴을 아릿하게 파고듭니다.
아내… 남편…
보통 인연으로 만난 사이가 아닙니다.
사랑하는 마음, 제껴두지 마십시오.
지금 더 사랑하고 더 아끼세요.

엄마의 밥그릇

가난한 집에 아이들이 여럿.
그래서 늘 배고픈 아이들은
밥상에서 싸움을 했습니다.
서로 많이 먹으려고…

엄마는 공평하게
밥을 퍼서 아이들에게 나눠주고
마지막으로 엄마 밥을 펐습니다.

엄마는 항상 반 그릇을 드신 채
상을 내가셨습니다.
아이들이 밥을 달라고 졸랐지만
절대로 더 주는 법이 없었습니다.

어느 날 배고픔을 못이긴 막내가
엄마 밥을 먹으려 수저를 뻗었다가
형이 말리는 바람에 밥그릇이
그만 엎어져 버리고 말았습니다.
순간적으로 엄마가 막내를 때렸습니다.

막내는 엉엉 울었습니다.
형이 쏟아진 밥을
주워 담으려고 했을 때였습니다.

아!
아이들은 저마다 벌어진
입을 다물 줄 몰랐습니다.

엄마의 밥그릇엔 무 반 토막이 있었습니다.
엄마는 아이들에게 조금이라도
밥을 더 주려고 무를 잘라 아래에 깔고
그 위에 밥을 조금 푸셨던 것입니다.

아이들은 그제야 엄마의
배고픔을 알 수 있었습니다.
그리고 따스한 엄마의 사랑을 느꼈습니다.

엄마도 아이들도 저마다 끌어안고
한없이 눈물을 흘렸습니다.

- TV 행복한 동화 -

엄마 아빠에게 드리는 헌시

엄마, 아빠

엄마와 아빠의 얼굴에서 주름살을 보니 내가 그 원인임을 알고 마음이 아픕니다.

엄마 아빠의 사랑의 몸짓을 이해하지 못하고, 마치 내가 엄마 아빠보다 더 많이 안다고 생각하면서 그 많은 날 동안 엄마 아빠의 마음에 기쁨을 드리지 못했습니다.

하나하나의 주름살이 나의 생각 없는 말과 이기적인 행동의 증거입니다.

그러나 엄마 아빠, 나를 다시 한 번 보아 주세요.

나는 하나님께서 엄마 아빠에게 주신 선물이요, 엄마 아빠가 가르쳐준 교훈으로 빚어졌습니다.

엄마 아빠는 지식 추구를 위해 인내할 것을 가르쳤고, 엄마 아빠는 한 인격자로서의 나의 권리를 가르쳤고, 사회와 교회의 한 멤버로서의 나의 책임을 가르쳤습니다.

엄마 아빠는 나를 정직한 사람이 되도록 가르쳤고, 명예를 귀하게 여기도록 가르쳤고, 다른 사람을 호의적이고 애정의 마음으로 대하라고 가르쳤고, 어려움이 닥칠 때 인내를 연습하라고 가르쳤고, 용서는 쉽게 하고 사랑은 열정적으로 하도록 가르쳤고, 나의 주 하나님을 나의 마음과 영혼과 힘을 다하여 사랑하라고 가르쳤습니다.

오늘 내가 엄마 아빠를 봅니다.

나는 엄마 아빠의 주름살이 미소와 기쁨과 자랑으로 펴진 것을 봅니다.

오늘 나는 훌륭한 일을 해낸 엄마 아빠를 축하합니다.

오늘 나는 엄마 아빠의 성실성을 존경합니다.

하나님의 복이 엄마 아빠에게 있기를 빕니다.

그의 면전에서부터 귀하고 사랑스런 복이 있기를 빕니다.

엄마 아빠의 모든 희생을 감사합니다.

무엇보다 내 마음의 중심에서 엄마 아빠를 사랑합니다.

2002년 5월 11일 박세라
(듀크 대학교를 졸업하면서)

A Tribute to my Parent
(By Sarah Park)

Mom, Dad,

I see the wrinkles on your face and it pains me to know that I was the cause of them. All those times I talked back to you, when I rejected your gestures of love, and when I thought I knew more than you. Each wrinkle is an evidence of my thoughtless words and selfish actions.

But mom, dad, look at me once again.

I am a gift from God to you-molded by the lessons you've taught me.

You taught me to persevere in the pursuit of knowledge.

You taught me my rights as a person and my responsibilities as a member of society and body of Christ.

You taught me to be a man or woman of integrity.

To value honour.

To be sensitive and compassionate to others.

To practice patience when the odds are against me.

To forgive easily but love passionately.

To love the Lord my God with all my heart, soul, mind, and strength.

Today, I see you. I see your wrinkles caressed by your smiles, full of joy and pride.

Today, I want to congratulate you on a job excellently done.

Today, I want to honour you for your faithfulness.

May you be blessed by God-precious and lovable in the sight of Him.

Thank you for all the sacrifices you've made and above all, I love you both from the very depth of my heart.

Chorus

Thank you

For all your love for me,

I am a life that was changed.

Thank you

For all you've done for me,

I'm so glad that you gave.

May 11, 2002
At the Cambridge Christian Fellowship Class of 2002
Parents' Banquet
Duke University

** Written and read by Sarah Park. Guitar accompaniment by Dan Tsai. Singing led by Elizabeth Chang and Dan Tsai. Sung by the seniors of Cambridge Christian Fellowship to their parents.

(세라가 이 헌시를 읽을 때 엄마인 박순자, 아빠인 박형용은 옆에서 들으며 감사의 눈물을 감추면서 큰 감동과 함께 하나님께 감사의 기도를 드렸다.)

시력 장애를 극복한 John Milton

존 밀톤 (John Milton: Dec. 9, 1608 - Nov. 8, 1674)은 시력장애인이 된 이후 15년-20년 사이에 실낙원 (Paradise Lost), 복낙원 (Paradise Regained), 삼손 아고니스테스 (Samson Agonistes)를 썼다. 밀톤은 장애를 극복한 사람이다.

박형용 제공

에베레스트 등반과 텐징 노르가이

1953년 5월 29일 영국의 왕립 지리 학회(the Royal Geographical Society)의 후원 하에 뉴질랜드 출신의 에드문드 힐러리(후에 에드문드 경이 됨)(Edmund Hillary)와 네팔 출신의 텐징 노르가이(Tenzing Norgay)가 에베레스트의 남동부 능선을 통해 최초로 29,028 feet(8,848 m)의 정상 등반에 성공했다. 힐러리는 에베레스트 정상을 최초로 등반한 이유로 1953년 7월 16일 영국 정부로부터 작위를 수여 받았다. 그는 에베레스트 등반에 관한 이야기를 High Adventure (1955)에 묘사해 두고 있다. 그런데 전해오는 이야기로는 에베레스트 등반 최초의 사진은 등반을 주관한 힐러리의 사진이 아니요 등반을 도왔던 텐징의 사진이라고 한다. 그 이유는 힐러리가 먼저 포즈를 취하고 텐징이 사진을 찍었고, 그 후에 텐징이 포즈를 취하고 힐러리가 사진을 찍었는데 텐징이 찍은 사진은 나오지 않았고, 힐러리가 찍은 사진이 나왔기 때문이다.

전반부는 편저자 박형용이 Encyclopedia Britannica 에서 참조했고 후반부의 전해오는 이야기 부분은 2007년 10월 14일(주일) 11:00 예배 시에 이유환목사(송파제일교회)가 전한 내용이다.

연탄의 교훈

우리는 연탄에게서 배워야 한다. 연탄은 다른 사람을 따뜻하게 하고 그 생을 마감한다. 우리들은 스스로에게 물어야 한다. "연탄처럼 다른 사람을 따뜻하게 해 본 경험이 있느냐고"

나그네와 같은 인생

"이 지구는 수없이 많은 나그네들을 태우고 가는 거대한 선박(비행기)과 같다."

"인생은 한 이야기를 남기고 가는 나그네이다."

2007년 12월 30일(주일) 후 7시
송파제일교회 저녁 예배 설교 시
(수술 받은 후 처음 설교)
박병식 목사

삶을 되찾았을 때 느낀 두 가지

박병식 목사님은 2006년 8월에 뇌출혈로 수술을 받았다. 수술 후 한동안 무의식 상태로 있다가 깨어났을 때 갑자기 느낀 두 가지 생각이 머리를 스쳐갔다.

첫째는 마음 깊은 곳에서 깨어나기 직전이 너무 좋았다는 것이다. 깨어나지 않고 그대로 있었으면 더 좋았을 텐데 왜 깨어났지 라는 생각이 들었다.

둘째는 방문이 모두 닫혀 있었는데도 불구하고 강하고 훈훈한 바람이 불어 왔다. 그때 내 마음에 이것은 성도들의 기도의 바람이라고 생각했다.

2007년 12월 30일(주일) 후 7시
송파제일교회 저녁 예배 설교 시
(수술 받은 후 처음 설교)
박병식 목사

장자처럼 살자

역대상 5:1-2에 "이스라엘의 장자 르우벤의 아들들은 이러하니라. (르우벤은 장자라도 그 아비의 침상을 더럽게 하였으므로 장자의 명분이 이스라엘의 아들 요셉의 자손에게로 돌아갔으나 족보에는 장자의 명분대로 기록할 것이 아니니라. 유다는 형제보다 뛰어나고 주권자가 유다로 말미암아 났을지라도 장자의 명분은 요셉에게 있으니라)"로 기록한다.

여기에 장자가 셋이 나온다. 르우벤, 유다, 그리고 요셉이다. 요셉은 장자가 해야 하는 일을 하고 산 사람이다. "어떤 사람은 한 평생 세 사람이나 네 사람이 할 수 있는 일을 하고 간 사람도 있고, 반면 어떤 사람은 평생토록 다른 사람이 한 달에 이룰 일정도 밖에 하지 못하고 간 사람도 있다."

2007년 12월 30일(주일) 후 7시
송파제일교회 저녁 예배 설교 시
(머리 수술 받은 후 처음 설교)
박병식 목사

나이에 따른 아버지의 인상

4세때-- 아빠는 무엇이나 할 수 있다.

7세때-- 아빠는 아는 것이 정말 많다.

8세때-- 아빠와 선생님 중 누가 더 높을까?

12세때- 아빠는 모르는 것이 많아.

14세때- 우리 아버지요? 세대 차이가 나요.

25세때- 아버지를 이해하지만, 기성세대는 갔습니다.

30세때- 아버지의 의견도 일리가 있지요.

40세때- 여보! 우리가 이 일을 결정하기 전에 아버지의 의견을 들어봅시다.

50세때- 아버님은 훌륭한 분이었어.

60세때- 아버님께서 살아 계셨다면 꼭 조언을 들었을 텐데…

조나단 에드워드와 맥스 쥬크

19세기 초 미국 대각성 운동을 지도한 조나단 에드워드(Jonathan Edwards)의 가정을 조사해 보면 목사와 선교사와 신학교수가 300명, 대학교수가 120명, 변호사가 110명, 판사가 30명, 작가가 60명, 대학총장이 14명, 국회의원이 3명, 부통령이 1명 등 사회적으로 인정받는 사람들이었고 생활이 성실한 사람들이었다.

18세기 말 미국의 대표적인 범죄자였던 맥스 쥬크(Max Juke) 가정의 4대를 조사해보면 거리의 불량자가 310명, 방탕과 부도덕으로 인생을 망친 사람이 440명, 감옥에서 평균 13년 이상 수감생활한 사람이 130명, 살인범이 7명, 알콜 중독자가 100명, 상습 절도가 60명 그리고 매춘부가 190명이었다.

이 두 사람의 차이는 예수 그리스도 안에서 얻은 믿음이었다.

하나님의 주권과 성도의 삶의 영역

카이퍼(Abraham Kuyper)는 "인간 삶의 모든 영역 가운데 유일한 주권자이신 그리스도께서 "저것은 내 것이다." 라고 선포하지 않은 한인치의 평방미터도 없다. 교회가 어떤 주제에 관해 침묵을 지킬 때, 우리는 그리스도에게 속해서 그리스도의 관리를 받아야 할 그 곳을 포기하고, 영향력과 정당한 권위를 우리의 소심성 때문에 중지하게 되는 것이다." 라고 말했다.

("In the total expanse of human life there is not a single square inch of which the Christ, who alone is sovereign, does not declare, 'that is mine!'" When the Church goes silent in any topic we surrender that ground, yielding control of that which belongs to Christ, ceding influence and rightful authority simply because we are shy.)

아브라함 카이퍼(Abraham Kuyper)가 1898년 가을 프린스톤 신학교(Princeton Theological Seminary)에서 행한 STONE Lecture에서

크리스마스의 진정한 의미
(MERRY CHRISTMAS!)

예수님의 탄생 모습은 수많은 화가들에 의해 미술 작품으로 그려졌다. 그리고 생생한 예수님의 탄생 장면은 전 세계의 많은 교회당의 뜰에 전시되었다. 우리는 갑자기 한 인간 어린아이로 축소되는 전 우주의 주님을 보면서 단지 천사의 반응을 상상해 볼 수 있다. 거의 모든 사람이 그 아이에 관한 크리스마스 이야기를 사랑한다, 그러나 십자가상의 그 분을 대면하고자 하는 사람은 많지 않다. 그리스도는 크리스마스를 위해 태어나지 않으셨다. 그리스도는 부활절을 위해 태어나셨다. "믿음의 주요 또 온전케 하시는 이인 예수를 바라보자 저는 그 앞에 있는 즐거움을 위하여 십자가를 참으사 부끄러움을 개의치 아니하시더니 하나님 보좌 우편에 앉으셨느니라"(히 12:2)

(The Nativity has been painted by countless artists and live nativity scenes are displayed on the lawns of churches throughout the world. We can only imagine the reaction of the angel, seeing the Lord of the entire universe suddenly reduced to a human infant. Nearly everyone loves the Christmas story about the baby, but few are willing to face the man on the cross. Christ was not born for Christmas - He was born for Easter. “Let us fix our eyes on Jesus, the author and protector of our faith, who for the joy set before Him endured the cross, scorning its shame, and sat down at the right hand of the throne of God”)(Hebrews 12:2)

편저자 박형용 번역

소년들이여! 대망을 품으라
(Boys, Be Ambitious!!)

일본 혹가이도에 가면 크락(Clark)의 동상이 서 있고 그 옆에 다음의 그의 유명한 말이 새겨져 있다.

"재물을 위해서나 이기적인 확장을 위해서 야망을 품지 말고, 인간들이 명성이라고 부르는 없어질 것들을 위해서 야망을 품지 말라. 지식을 위해서, 의를 위해서, 그리고 그대들의 백성을 고양시키는 일을 위해 야망을 품으라. 사람이 마땅히 되어야할 모든 것을 얻기 위해 야망을 품으라."

("Be ambitious not for money or for selfish aggrandizement, not for that evanescent thing which men call fame. Be ambitious for knowledge, for righteousness, and for the uplift of your people. Be ambitious for the attainment of all that a man ought to be.")

This was the message of William Smith Clark.

번역 박형용

(By Paul Rouland, 1915)

웨스트민스터와 그래샴 메이첸
(Westminster and J. Gresham Machen)

"나의 전체 마음은 이 기관과 이 기관이 대표하고 있는 대의(大義)에 있다"

"My whole heart is in this institution and in the cause that it represents."

이 말은 메이첸이 웨스트민스터 신학교를 세운 후 하신 말씀이다.

기드온과 레오니다스(소수 정예)의 전략
(Gideon-Leonidas Strategy)

헬라의 레오니다스는 동방으로부터 대략 백만 명(1,000,000)의 페르시아 군대의 공격을 받고 의도적으로 자신의 군대의 대부분을 해산시키고 단지 300명의 스파르탄과 700명의 데스피안과 400명의 데반과 몇 백 명 정도의 다른 군인들을 데리고 역사적인 방어 작전에 임했다. 그리고 레오니다스는 페르시아 군대를 지연시키면서 나머지 부대는 안전하게 주력부대와 합류하도록 했다.

데르모필라이(Thermopylae)전투(참고 : BC 480년 8월에 스파르타 군대가 페르시아 군대와 싸워 전멸한 그리스의 옛 싸움터)는 2500년 동안 월등하게 불리한 조건에서 보여준 용기의 상징 역할을 한다. 아무도 레오니다스를 조롱하지 않고 그의 불가능한 전략을 우습게 여기지 않는다.

여호와께서 기드온에게 이르시되, "너를 좇는 백성이 너무 많아 내가 그들의 손에 미디안 사람을 붙이지 아니하리라. 이는 이스라엘이 '내 손이 나를 구원하였다'라고 나를 거슬려 자랑하지 않게 하기 위해서이다."(삿 7:2) 이제 너는 백성의 귀에 고하기를 "누구든지 두려워서 떠는 자는 길르앗 산에서 빨리 떠나 집으로 돌아가도록 하라."(삿 7:3) 그래서 "돌아간 백성이 22,000명이요 남은 자가 10,000이었다." 우리는 하나님이 기드온의 300 용사를 얻을 때까지 멈추지 않은 것을 기억한다.

(Leonidas of Greece, under attack by perhaps a million Persians from the East, deliberately dismissed the bulk of his army and staged a historic defense with only 300 Spartans, 700 Thespians, 400 Thebans, and maybe a few hundred others. Sending the majority of his troops to safety, Leonidas remained to delay the Persians' attack. The Battle of Thermopylae has for 2,500 years served as a symbol of courage against overwhelming odds. Nobody mocks Leonidas and makes fun of his impossible strategy.

"The Lord said to Gideon, 'The people with you are too many for me to give the Midianites into their hand, lest Israel boast over me, saying, 'My own hand has saved me." Now therefore proclaim in the ears of the people saying, 'Whoever is fearful and trembling, let him return home and hurry away from Mount Gilead.' Then 22,000 of the people returned, and 10,000 remained." And you will remember that God wasn't through until he got Gideon's band down to 300.)

편저자 박형용 번역

윌리암 캐리와 사도행전

"현대선교의 아버지"라 불리는 윌리암 캐리(William Carey)는 "하나님께로 부터 위대한 결과를 기대 하십시오. 하나님을 위해 위대한 일을 시도 하십시오"(Expect great things from God; attempt great things for God.) 라는 유명한 말과 함께 그에 따른 찬란한 업적을 남긴 사람이다. 캐리는 하나님의 관점에서 인도를 바라보았다. 캐리는 사도행전에서 하나님의 마음을 읽었기 때문이다.

편저자 박형용 전언

리빙스톤과 사도행전

검은 대륙을 사랑한 데이비드 리빙스톤(David Livingstone)은 하나님이 아프리카를 사랑한다는 사실 때문에 생명을 바쳐 복음을 전했다. 리빙스톤이 기도하는 자세로 숨을 거두자(1873. 5. 1) 그리스도의 사랑을 체험한 아프리카 사람들은 리빙스톤의 심장을 꺼내 므푼두(Mpundu)나무 밑에 묻어 두고 오래 오래 그를 기억했다. 그들이 그렇게 한 것은 리빙스톤의 심장을 생각할 때마다 그가 대표한 그리스도의 희생과 사랑을 감사하기 위해서였다. 아프리카 하인들은 심장이 없는 리빙스톤의 시체를 아프리카의 뜨거운 햇볕 아래 말려서 미이라로 만든 다음 2,400Km가 넘는 해안까지 운반해 영국으로 보냈다. 영국에서 리빙스톤의 장례는 유명한 웨스트민스터 사원에서 국장으로 거행되었다. 리빙스톤은 영국의 유명한 왕들이 묻혀있는 웨스트민스터 사원에 윈스톤 쳐어칠(Winston Churchill), 제프리 쵸서(Geoffrey Chaucer), 죠오지 헨델(George Handel) 등과 함께 나란히 묻혀있다. 무엇이 리빙스톤의 삶을 이렇게 값지게 만들었을까요. 그것은 리빙스톤이 사도행전에서 하나님의 심장의 열기를 읽었기 때문이다.

박형용 전언

개에게서 배울 교훈

최근 남미 칠레(Chile)의 고속도로에서 발생한 사건이다. 2008년 12월 4일 칠레 산티아고 인근 고속도로에서 있었던 장면이다. 고속도로 감시 카메라에 잡힌 한 장면은 사람의 마음을 따뜻하게 하는 광경이었다. 고속도로에 잘못 뛰어든 개 한 마리가 차에 치여 쓰러진다. 그런데 잠시 후 어디선가 달려온 다른 개 한 마리가 생명의 위험을 무릅쓰고 차 사이를 뚫고 쓰러진 "동료"를 물어 중앙 분리대 쪽으로 힘겹게 옮겨놓는다.

고속도로 순찰대가 현장에 도착했을 때 차에 치인 개는 이미 죽었다. 동료를 구하려 한 개는 이미 어디론가 사라졌다고 칠레 언론은 전했다. 사람은 서로 물고 뜯고 망한다. 그런데 미물의 개가 생명을 아끼지 않고 동료를 구한 것이다.

dongA.com 동영상

고무신 신고 골덴 바지 입은 김홍섭 대법원 판사

서울~춘천 국도변의 어느 검문소 앞 버스가 서고 경찰이 검문을 한다. 고무신 신고 물감들인 군복 입은 남자 앞, "이봐, 뭐하는 사람이야?", "판사입니다" "판사가 무슨 판사야, 신분증 내놔 봐" 고무신의 남자가 내 놓은 신분증에는 '대법원 판사 김홍섭'이었다. 혼비백산한 경찰, 쏟아진 물, 이 일을 어쩌누. 그는 판사로 신부이상 거룩했던 가톨릭 교인이었다.

김 판사가 세상을 하직했을 때 최민순 신부가 조사를 했다. 최 신부는 "항시 가톨릭스런 웃음, 그 해맑은 모습 평생 좋은 일은 몰래하고 영광을 남에게 주며 도적같이 숨던 몸 그 슬기, 언제나 끝자리를 탐내더니" 라고 슬퍼했다. (좋은 자리 버리고 말석을 좋아 했다는 말) 월급의 절반을 죄수들을 위하여 쓰고 숨은 봉사로 살았던 60년대 이야기 입니다.

- 이하 생략 -

내가 알고 있는 김홍섭 대법원 판사는 고무신을 신고 골덴 바지 차림으로나 물감 들인 군복을 입고 덕수궁 돌담길을 걸어 대법원에 출근 했습니다. 법원 마크가 달린 관용차를 타지도 않았습니다. 그때 대법원 판사는 몇 명 되지 않은 시절 이였습니다. 그때는 대법원이 덕수궁 옆에 있었습니다. 그만큼 청렴하게 살았습니다. 여덟 자매를 공부시키려면 고무신 신고 다닐 수밖에 없었습니다. 자기를 비우고 비운 자리에 하나님을 모시고 살았던 사도 판사였습니다. 내 학창시절에 가장 존경했던 김홍섭 판사님! 국수주의를 가장 싫어해서 반국가 죄목의 판결에는 한 번도 참여하지 않았던 멋쟁이 판사님 이였지요.

출처 : 千聖山 雲興洞天 원문보기
글쓴이 : 鈺 田 박춘호

도시락 판사 김홍섭

군복을 물들인 싸구려 옷 한 벌에 흰 고무신을 신고 단무지가 전부인 도시락을 옆구리에 끼고 출근하던 도시락 판사 김홍섭은 전북 김제의 가난한 농가에서 태어나 보통학교를 졸업한 뒤 전주의 어느 일본인 변호사 사무실에서 급사로 일하게 되었다. 틈틈이 변호사 사무실에 꽂힌 법률서적을 들여다보며 법관의 꿈을 키워 나가던 그를 유심히 지켜보던 착한 일본인 변호사의 도움으로 1939년 유학길에 오르게 되었으며 1941년 귀국하여 김병로와 함께 변호사로 활동을 시작하게 되었다.

해방이 되자 서울지방검찰청 검사로 조선공산당의 정판사로 위조지폐사건을 담당하면서 이름이 알려졌고 서울지방법원 판사로 부임 했으며 서울고등법원 판사 등을 거쳐 1960년 대법원 판사가 되었는데 동료 법관들 사이에서 그는 종종 법조시인(法曹詩人)으로 불렸으며 산에 올라 낙엽을 줍고 그것을 스케치 하거나 살아있는 식물을 세심히 관찰하는 것이 그의 취미였다.

가끔 시외버스를 타고 여행 할 때면 서민적인 풍모와 옷차림 때문에 검문에 자주 걸리곤 하였다 그는 재판과 인간의 문제 특히 범죄인들의 형량과 수감자들의 처우문제에 대해 남다른 관심을 가졌으며 또 법 보다는 인권과 양심을 중시했고 인간에 대한 사랑에 기초한 재판 철학을 지니고 있었다. 그가 서울 고등법원 부장판사로 승진되었던 1956년 젊은 군인 허태영 대령이 부하들을 시켜 이승만 대통령의 총애로 막강한 실력자로 행세하던 김창룡 중장을 살해한 사건이 발생하였다. 그때 그는 감방으로 허 대령을 찾아가 가톨릭에 귀의 할 것을 권하고 영세를 받게 한 뒤 그의 대부가 되어 주었으며 두 사람은 허 대령이 사형집행 될 때까지 수많은 편지를 주고받으며 영적인 교감을 나누었는데 이 인연을 계기로 더 많은 사형수들과 친교를 맺었으며 그는 사형수들을 방문하고 월급을 몽땅 털어 신앙서적을 차입해 주는 등 영혼 구제에 모든 힘을 기울여 사형수의 아버지로 불리기도 하였다. 당시 남양주 군의 야트막한 야산 아래 흩어져 잠든 사형수들과 형제가 되겠다며 죽으면 그곳에 묻어 줄 것을 유언했던 그는 몸을 돌보지 않고 만성이 된 가난 속에서 결국 1965년 50세의 아까운 나이로 삶을 마감하고 말았다. "법관에게 기대되는 것은 소설책 등에 등장하는 기지나 직관에 의한 명 판결이 아니라 부단한 인간에 대한 탐구와 연찬, 숙련 그리고 양심에 따라 이루어지는 판결이다."라고 말한 그는 가장 양심적이며 가난한 서민의 편에서 평생 살았던 법조인의 모범이라 할만하다.

(사형수들의 아버지 김홍섭 1915~1965)

밀레와 루소(Theodore Rousseau)의 우정

(가난한 친구의 자존심을 상하지 않도록 지혜롭게 도와준 이야기)

해질녘 농부가 수확을 마치고 '신에게 감사의 기도를 올리는 장면, 바로 프랑스의 화가 밀레의 『만종』에 그려진 유명한 이미지이다.

밀레는 지금은 세계적으로 알려진 화가였지만, 처음부터 그의 그림이 인정받은 것은 아니다. 그의 그림을 눈여겨 봐왔던 것은 평론가들이 아니라 "자연으로 돌아가라"의 사상가 루소였다. 작품이 팔리지 않아 가난에 허덕이던 밀레에게 어느 날 루소가 찾아왔다.

"여보게, 드디어 자네의 그림을 사려는 사람이 나타났네."

밀레는 친구 루소의 말에 기뻐하면서도 한편으로는 의아했다. 왜냐하면, 그때까지 밀레는 작품을 팔아본 적이 별로 없는 무명화가였기 때문이었다.

"여보게, 좋은 소식이 있네. 내가 화랑에 자네의 그림을 소개했더니 적극적으로 구입의사를 밝히더군, 이것 봐, 나더러 그림을 골라달라고 선금을 맡기더라니까."

루소는 이렇게 말하며 밀레에게 300프랑을 건네주었다. 입에 풀칠할 길이 없어 막막하던 밀레에게 그 돈은 생명줄이었다. 또 자신의 그림이 인정받고 있다는 희망을 안겨주었다.

그리하여 밀레는 생활에 안정을 찾게 되었고, 보다 그림에 몰두할 수 있게 되었다. 몇 년 후 밀레의 작품은 진짜로 화단의 호평을 받아 비싼 값에 팔리기 시작하였다. 경제적 여유를 찾게 된 밀레는 친구 루소를 찾아갔다.

그런데 몇 년 전에 루소가 남의 부탁이라면서 사간 그 그림이 그의 거실 벽에 걸려있는 것이 아닌가? 밀레는 그제야 친구 루소의 깊은 배려의 마음을 알고 그 고마움에 눈물을 글썽였다.

가난에 찌들려 있는 친구의 자존심을 지켜주기 위해 사려 깊은 루소는 남의 이름을 빌려 자신의 그림을 사주었던 것이다.

젊은 날의 이런 소중한 우정은 인생을 아름답게 사는 밑거름이 된다.

행복지수 1위의 나라

바투아누 공화국은 호주 동북부에 위치해 있으며 인구는 19만 2000여 명이다. 인구의 80%가 기독교인들이다.

"바투아누 사람들은 왜 행복하냐고요? 물질적인 것에 집착하지 않고, 단순 소박하고, 항상 서로 나누고 존중하는 데 익숙한 생활방식 덕분입니다."라고 조지 보루구 관광청장(2009년 52세)은 말한다. 비록 취업률이 7%요 1인당 GDP가 세계에서 207위이지만 서로 아끼고 나누면 마음이 풍요롭고 행복해진다.

편저자 박형용

사랑과 정직

하나님을 사랑하는 사람은 믿음이 있다.
자신을 사랑하는 사람은 자긍심이 있다.
일을 사랑하는 사람은 열정이 있다.
자신의 공동체를 사랑하는 사람은 충성심이 있다.
동료를 사랑하는 사람은 팀워크가 있다.
이웃을 사랑하는 사람은 배려가 있다.

하나님께 정직한 사람은 겸손함이 있다.
자신에게 정직한 사람은 당당함이 있다.
일에 정직한 사람은 성실함이 있다.
자신의 공동체에 정직한 사람은 인정을 받는다.
동료에게 정직한 사람은 신뢰가 있다.
이웃에게 정직한 사람은 공정함이 있다.

황정심 전도사와 김성득 목사

황정심 전도사는 1931년 6월 11일에 태어나 2009년 7월 1일 하나님 나라로 가시기까지"이름도 없이 빛도 없이 주님을 섬긴" 종의 삶을 살았다. 황정심 전도사는 김성득 목사의 어머님이시다. 황전도사는 한국의 영복교회를 섬겼고, 김목사는 미국 시카고에서 목회를 했다. 모자는 자주 국제전화를 하곤 했다. 전화할 때면 황전도사가 항상 "성득아"라고 아들의 이름을 부르면서 대화를 시작했다. 그런데 하루는 황전도사가 아들에게 전화했는데 김목사가 전화를 받자 "성득아"로 시작하지 않고, "김목사"라고 정중하게 대화를 시작하셨다. 그리고 김목사에게 "김목사, 김목사는 하루에 몇 시간을 기도하시요"라고 물으셨다. 당황한 김목사가 자신 없는 말로 "1시간 아니면 1시간 반 정도 기도합니다."라고 대답하니, 어머님 황전도사가 "성도들이 불쌍하니까, 다음 주에 사표 내시오." 라고 말씀하셨다. 김성득 목사는 그 말씀을 들은 이후 항상 어머님의 말씀을 기억하며 기도에 힘쓰면서 목회하려고 노력했다.

김성득목사 전언(2009년 7월 3일 영복교회에서
황정심 전도사 발인 예배 시 증언)

어느 어머니의 심정

아들아!
결혼할 때 부모 모시겠다는 여자 택하지 마라.
너는 엄마랑 살고 싶겠지만
엄마는 이제 너를 벗어나
엄마가 아닌 인간으로 살고 싶단다.
엄마한테 효도하는 며느리를 원하지 마라.
네 효도는 너 잘사는 걸로 족하거늘…

네 아내가 엄마 흠을 보면
네가 속상한 거 충분히 이해한다.
그러나 그걸 엄마한테 옮기지 마라.
엄마도 사람인데 알면 기분 좋겠느냐.
모르는 게 약이란 걸 백 번 곱씹고
엄마한테 옮기지 마라. (중략)

혹시 어미가 가난하고 약해지거든 조금은 보태주거라.
널 위해 평생 바친 엄마이지 않느냐.
그것은 아들의 도리가 아니라 사람의 도리가 아니겠느냐.
독거노인을 위해 봉사하는 사람들도 있는데

어미가 가난하고 약해지는데 자식인 네가 돌보지 않는다면
어미는 얼마나 서럽겠느냐.
널 위해 희생했다 생각지는 않지만
내가 자식을 잘못 키웠다는 자책이 들지 않겠니?

아들아!
명절이나 어미 애비 생일은 좀 챙겨주면 안 되겠니?
네 생일 여태까지 한 번도 잊은 적 없이
그날 되면 배 아파 낳은 그대로
그때 그 느낌 그대로 꿈엔들 잊은 적 없는데
네 아내에게 떠밀지 말고 네가 챙겨 주면 안 되겠니?
받고 싶은 욕심이 아니라
잊혀지고 싶지 않은 어미의 욕심이란다. (중략)

그러나 아들아!
네가 가정을 이룬 후 어미 애비를 이용하지는 말아다오.
평생 너희 행복을 위해 애써 온 부모다.
이제는 어미 애비가 좀 편안히 살아도 되지 않겠니?
너희 힘든 건 너희들이 알아서 살아다오.
늙은 어미 애비 이제 좀 쉬면서 삶을 마감하게 해다오.
(중략)

아들아!
우리가 원하는 건 너희들의 행복이란다.
그러나 너희도
늙은 어미 애비의 행복을 침해하지 말아다오.
손자 길러 달라는 말 하지마라.
너보다 더 귀하고 예쁜 손자지만
매일 보고 싶은 손자들이지만
늙어가는 나는 내 인생도 중요하더구나.
강요하거나 은근히 말하지 마라.
날 나쁜 시어미로 몰지 마라.(하략)

dongA.com에서 게재
(동아일보, 2009년 10월 17일 토)

성경과 걸레

김창인 목사님은 많이 배우지 못했지만 하나님의 쓰임을 크게 받으신 목사이다. 그의 여러 금언과 같은 말은 후배 목사들에게 큰 교훈이 된다. 그런데 다음의 말은 큰 도전을 주는 말이다.

"목사는 성경을 정독으로 200독해야 한다. 성경을 걸레로 만들어라."

2009년 11월 12일
서울성경신학대학원대학교 경건회 시간에 조남진 목사가 증언한 내용

2부

행복의 쉼터

경제성장과 법질서

2007년 경제협력개발기구(OECD)의 보고서에 의하면 법질서를 잘 지키는 수준으로 대한민국은 30개 나라 중에 27위로 최하위였습니다. 우리나라 밑으론 세 나라밖에 없었습니다. 한국보다 법질서를 잘 지키는 나라는 26개국이었습니다. 세계에서 형편이 좀 나은 나라의 모임이라는 OECD 회원국 중 한국은 바닥을 기고 있습니다.

한국개발연구원(KDI)은 우리나라가 OECD 회원국의 평균 수준으로만 법과 질서를 지켜도 매년 1%의 경제성장률을 더 올릴 수 있다는 흥미 있는 연구 보고서를 발표한 적이 있습니다. 그러면 연간 8조원의 추가 성장이 가능하다고 이 보고서는 아쉬움을 토로합니다.

법무부가 올해 실시한 여론 조사 결과는 우리들의 자화상을 보여 줍니다. '다른 사람은 법을 잘 지키지 않는다'고 불평한 응답자가 46%인 반면 '나는 법을 잘 지킨다'고 대답한 사람이 96.7%에 달합니다. "난 제대로 지키는데 남은 안 그래서 문제"라는 생각입니다. 사실은 우리 안에 뿌리내린 이중성이 문제입니다.

박형용 전언

조의금을 받지 말라.

한병기 목사가 노진현 목사님 천국 환송예배에서의 조사 중 하신 말씀이다(1998.10.17 부산 새중앙교회에서). 노진현 목사와 한병기 목사는 살아 계실 때 다음과 같은 대화를 했다.

노진현 목사 - 목회는 어렵다
한병기 목사 - 왜 목회가 어려워요?
노진현 목사 - "목회자는 그 사람이 나를 미워해도 좋아해야 하고 그 사람이 나를 싫어해도 사랑해야 하니 목회가 어렵다"

백광열 장로님이 노진현 목사님 소천하시기 며칠 전에 "목사님 남기고 싶으신 말씀이라도 있으십니까"라고 물으셨다.

노 목사님 - "나는 아무것도 말할 것이 없다"

1. 가족 중심으로 교회 주관으로 나를 묻어 달라.
2. 조의금을 받지 말라

박형용 전언

믿음이란 하나님을 향한 자세를 가리킨다.

1. 감사는 받은 것을 받았다고 말하는 것이다.
2. 구체적으로 고백하는 것이다. "하나님 앞에서는 우리의 믿음의 고백이 우리의 실천보다 위대하다."
3. 나의 염려를 기도 제목으로 바꾸자.

믿음과 행함

"행함이 없는 믿음은 그 자체가 죽은 것이라"(약 2:17)의 말씀이나 "영혼 없는 몸이 죽은 것 같이 행함이 없는 믿음은 죽은 것이니라"(약 2:26)의 말씀은 "행함"과 "믿음"을 대칭시키는 것이 아니요 "믿음"은 "행함"을 수반할 수밖에 없고, "믿음"이 "행함"을 수반하지 않을 때 "믿음"이 진정한 것인지를 의심할 수밖에 없다는 뜻이다. 진정한 "믿음"은 잠시 "행함"의 결여가 있을 수는 있지만 다시 "행함"이 뒤따르게 된다.

편저자

성령충만의 반대

성령충만의 반대는 성질 충만이다. "술 취하지 말라 성령의 충만을 받으라"(엡 5:18)는 성경의 교훈이 있다. 하지만 성령충만의 반대는 성질 충만도 된다. 왜냐하면 술 취하면 성질이 나빠지기 때문이다.

편저자

위대한 지도자와 외로움

위대한 지도자는 외롭게 사는 훈련을 많이 하는 사람이다.

2005. 10.30 아틀란다 새한 교회 10:00시 예배
김삼성 선교사

새들백 교회의 PEACE 계획

P. PLANT CHURCHES(교회를 개척하는 일)

E. EQUIP SERVANT LEADERS
(섬기는 지도자를 준비시키는 일)

A. ASSIST THE POOR(가난한 사람들을 돕는 일)

C. CARE FOR THE SICK(병든 자들을 보살피는 일)

E. EDUCATE THE NEXT GENERATION
(다음 세대를 교육하는 일)

아브라함 링컨의 말

한 두 사람을 여러 번 속일 수 있고 여러 사람을 한 두 번 속일 수는 있으나 많은 사람을 계속해서 속일 수는 없다.

송파제일교회 저녁 예배 설교 시
강영모 목사 2006.4.16

기도와 하나님의 임재

기도는 하나님을 만나는 것이다. 그래서 기도하는 사람은 하나님의 임재를 느낄 때까지 기다려야 한다.

2003. 10. 12, 송파제일 11:00 예배 설교 시
박병식 목사

영혼을 깨우는 사랑

우리의 육체는 운동을
우리의 정신은 미소를
우리의 영혼은 사랑을
통해 깨어난다.

장경철 교수 서울여대 교수 기독교학과
송파제일교회 저녁 예배 시
2002, 1, 12

긍정적 생각과 부정적 생각의 차이

사람의 관점이 인생의 방향을 결정한다. 그리스도 안에서 긍정적으로 생각하는 사람에게는 항상 비전이 있다. 다음 말은 그것을 증거 한다.

부정적인 사람에게는 “Dream is nowhere.”(꿈은 아무 곳에도 없다.)이지만, 긍정적인 사람에게는 “Dream is now here."(꿈이 바로 여기에 있다.)로 보인다. 또한 “Love is nowhere.”(사랑은 아무 곳에도 없다.)가 사랑을 실천하는 사람에게는 “Love is now here.”(사랑은 바로 여기에 있다.)로 변한다. 왜냐하면 그가 바로 사랑의 실천자이기 때문이다.

편저자 박형용

문제 해결의 지혜

글쎄요, 종국에는 당신과 하나님 사이의 문제입니다.
결코 당신과 그들과의 사이에 있는 문제가 아니라는 점입니다.

(You see, in the final analysis, it is between you and God; It was never between you and them anyway.)

번역 박형용
Mother Teresa

암을 낭비하지 말라

(Don't Waste Your Cancer)
February 15, 2006 by John Piper

1. You will waste your cancer if you do not believe it is designed for you by God.
   만약 당신은 당신이 얻은 암이 하나님께서 당신을 위해 정해놓은 것이라고 믿지 않으면, 당신은 암을 낭비하는 것이다.

2. You will waste your cancer if you believe it is a curse and not a gift.
   만약 당신이 얻은 암이 선물이 아니요 저주라고 믿으면, 당신은 암을 낭비하는 것이다.

3. You will waste your cancer if you seek comfort from your odds rather than from God.
   만약 당신이 암에서부터 위로를 찾고 하나님으로부터 위로를 찾지 않는다면, 당신은 암을 낭비하는 것이다.

4. You will waste your cancer if you refuse to think about death.
만약 당신이 죽음에 대해 생각하는 것을 거절한다면, 당신은 암을 낭비하는 것이다.

5. You will waste your cancer if you think that treating of cancer means staying alive rather than cherishing Christ.
만약 당신이 암 치유를 받는 것이 하나님을 즐거워하는 것보다 살아 남기위한 것이라면, 당신은 암을 낭비하는 것이다.

6. You will waste your cancer if you spend too much time reading about cancer and not enough time reading about God.
만약 당신이 암에 관한 서적을 많이 읽고 하나님에 관한 서적을 읽지 않는다면, 당신은 암을 낭비하는 것이다.

7. You will waste your cancer if you let it drive you into solitude instead of deepen your relationships with manifest affection.

만약 당신이 애정 실현을 위한 관계를 깊게 하기보다 외로움으로 자신을 몰아간다면, 당신은 암을 낭비하는 것이다.

8. You will waste your cancer if you grieve as those who have no hope.
만약 당신이 소망 없는 사람처럼 슬퍼한다면, 당신은 암을 낭비하는 것이다.

9. You will waste your cancer if you treat sin as casually as before.
만약 당신이 죄 문제를 이전처럼 적당히 다룬다면, 당신은 암을 낭비하는 것이다.

10. You will waste your cancer if you fail to use it as a means of witness to the truth and glory of Christ.
만약 당신이 암을 진리와 하나님의 영광을 위한 증거로 사용하지 못한다면, 당신은 암을 낭비하는 것이다.

번역 박형용

사람은 늙어가지만 하나님은 늙지 않으신다.

(We age, but God does not age.)

"당신의 추억들이 당신의 비전보다 더 자극을 유발시킨다면, 당신은 늙어가고 있는 것이다." 우리는 과거에 초점을 맞추려한다. 즉 우리는 습관적인 것에 초점을 맞춘다. 우리는 우리의 삶과 우리의 교회에 역사하신 하나님의 손길을 묵상한다. 그러나 우리는 꿈 꿀 용기를 가져야한다. 더 낫게 표현한다면 하나님이 현재 하시기를 원하는 것이 무엇인지를 기대해야 한다. 우리는 늙어가지만 하나님은 그렇지 않다. 그분은 항상 새로운 일들은 하고 계신다.

("When your memories are more exciting than your dreams, you have begun to die." We tend to focus on the past--how it "used to be." We reflect on God's hand in our lives and in our church, and this is important. But we must have the courage to dream, or, better still, to anticipate what God wants to do now. We age··· but God does not. He is always doing new things!)

번역 박형용 Tower Notes(April 2007)
Eau Claire Presbyterian Church, Columbia S.C.

성도됨의 등록금

(Tuition for a believer)

"사단은 예수 그리스도를 사랑하는 사람들을 증오한다. 사단의 방법들은 간교하고 야만적이다."

"우리가 예수님의 가르침을 받기 원한다면, 그 등록금은 우리의 생명이다."

("Satan hates those who love Jesus Christ; his ways are subtle and brutal."

"If we want Jesus to teach us, the tuition is our life.")

번역 박형용

하나님께서 당신을 쓰실 수 없다고 느껴질 때
(The next time you feel like God can't use you.)

노아는 술 취한 사람이었고

(Noah was a drunken.)

아브라함은 너무 노쇠하였고

(Abraham was too old.)

이삭은 공상가였고

(Isaac was a daydreamer.)

야곱은 거짓말쟁이였고

(Jacob was a liar.)

레아는 못생겼었고

(Leah was ugly.)

요셉은 학대를 받았고

(Joseph was abused.)

모세는 말을 잘 못했지요

(Moses couldn't talk.)

기드온은 두려워했고

(Gideon was afraid.)

삼손은 긴 머리에 바람둥이였고

(Samson had long hair and was a womanizer.)

라합은 기생이었고

(Rahab was a prostitute.)

예레미야와 디모데는 너무 어렸었고

(Jeremiah and Timothy were too young.)

다윗은 간음하고 살인하였지요

(David had an affair and was a murderer.)

엘리야는 심한 우울증 환자였고

(Elijah was suicidal.)

이사야는 벌거벗은 설교자였고

(Isaiah preached naked.)

요나는 하나님을 피해 도망하였습니다.

(Jonah ran from God.)

나오미은 과부였고

(Naomi was a widow.)

욥은 파산하였고

(Job went bankrupt.)

세례 요한은 벌레를 먹었고

(John the Baptist ate bugs.)

베드로는 그리스도를 부인하였고

(Peter denied Christ.)

제자들은 기도하다 잠이 들었고

(The disciples fell asleep while praying.)

마르다는 모든 일에 대해 근심하였고

(Martha worried about everything.)

막달라 마리아는 귀신이 씌웠었고

(Mary Magdalene was demon possessed.)

사마리아 여인은 여러 번 이혼했었고

(The Samaritan Woman was divorced more than once.)

삭개오는 키가 너무 작았습니다

(Zaccheus was too small.)

바울은 너무 율법적이었고

(Paul was too religious.)

디모데는 궤양이 있었고

(Timothy had an ulcer.)

그리고

나사로는 죽었습니다

(Lazarus was dead.)

이제 더 이상의 핑계는 없습니다.

(No more excuses.)

하나님은 불완전한 사람을 사용하십니다.

(God uses imperfect man.)

편저자 박형용 번역

d5235@daum.net 제공

성탄절 선물
(Christmas Gift)

당신의 적에게는, 용서를.
대립자에게는, 관용을.
친구에게는, 당신의 마음을.
손님에게는, 봉사를.
모든 사람에게는, 사랑을.
모든 아이들에게는, 좋은 모본을.
당신 자신에게는, 자존감을.

(To your enemy, forgiveness.
To an opponent, tolerance.
To a friend, your heart.
To a customer, service.
To all, charity.
To every child, a good example.
To yourself, respect.)

번역 박형용
2007년 12월 25일
Oren Arnold 전언

소명과 직업
(Calling and Vocation)

하나님은 우리들을 신중한 삶을 살도록 부르시지 않았고, 하나님 중심적으로, 그리스도를 높이며, 공의를 진작시키고, 문화에 역행하며, 사랑과 용기로 위험을 감수하는 삶으로 부르셨다.

("Christ does not call us to a prudent life, but to a God-centered, Christ-exalting, justice-advancing, counter-cultural, risk-taking life of love and courage.")

번역 박형용
John Piper

미국 국민이 선택한 가정의 가치

2008년 11월 4일은 미국 대통령 선거일이다. 버락 오바마(Barack Obama)가 미국 44대 대통령으로 당선되었다. 2009년 1월 20일 취임하게 될 것이다. 그런데 대통령 선거 할 때 다른 안건들도 함께 결정하는 투표를 한다.

아리조나, 플로리다, 캘리포니아 주에서 동성끼리의 결혼을 부결시켰다. 플로리다에서는 투표자의 62%를 얻어 부결 시켰고, 아리조나에서도 부결시켰고, 특히 캘리포니아에서는 52% 대 48%로 주 대법원이 허락한 같은 성끼리의 결혼을 부결시켰다.

(There was some good news for those who support traditional marriage. In the states of Arizona, Florida and California voters said no to homosexual "marriage." In fact, in the Sunshine State, 60% of the vote was needed to keep marriage only between a man and a woman, and our side was able to garner 62% of the vote.

We won in Arizona, too! This is significant because a

couple of years ago the marriage amendment was defeated when the pro-homosexual marriage advocates played the fear card with senior citizens.

Finally, in California, our country's largest and most liberal state, the citizens voted 52% to 48% to overturn the state Supreme Court's decision to allow same-sex marriage. This is BIG news! Radical homosexual groups, Hollywood celebrities and the liberal media came together to try and defeat Proposition 8, yet the pro-family and pro-marriage citizens of California won a huge victory and, if I might add, put the arrogant California Supreme Court in its place.

Your American Family Association was deeply involved in all three challenges. We kept the people of those states informed and encouraged. In fact, AFA contributed $500,000 to help achieve the victory in California. We had been saving the money over a period of years because we knew that one day it would be needed for a fight like the one we had in California. Of course, these funds came from people like you.

So despite some discouraging news on the national front, 30 states have adopted a state constitutional amendment preserving traditional marriage since the legalization of same-sex "marriage" in Massachusetts. That is due to the hard work of people like you.)

November 5, 2008
편저자 박형용 요약

Merry Christmas 의 깊은 뜻

Many thanks for being you
Every one of you
Really mean it
Really I do
Yes it's true!

Circumstances may vary
Happiness may tarry
Reality can be scary
In Jesus, we are merry!
Saved by grace
Through faith
Makes life worth the living;
Anointed for giving
Self to the Savior!

by Pastor Carl Brannan
Grace Presbyterian Church, Ocala, Florida
Christmas 2008

돈으로 살 수 없는 것
(Things you cannot buy with money)

돈으로 사람(person)을 살 수는 있으나
그 사람의 마음(spirit)은 살 수 없다.

돈으로 호화로운 집(house)을 살 수는 있어도
행복한 가정(home)은 살 수 없다.

돈으로 최고로 좋은 침대(bed)는 살 수 있어도
최상의 달콤한 잠(sleep)은 살 수 없다.

돈으로 시계(clock)는 살 수 있어도
흐르는 시간(time)은 살 수 없다.

돈으로 얼마든지 책(book)은 살 수 있어도
결코 삶의 지혜(wisdom)는 살 수 없다.

돈으로 지위(position)는 살 수 있어도
가슴에서 우러나오는 존경(respect)은 살 수 없다.

돈으로 좋은 약(medicine)은 살 수 있어도
평생 건강(health)은 살 수 없다.

돈으로 피(blood)는 살 수 있어도
영원한 생명(life)은 살 수 없다.

돈으로 섹스(sex)는 살 수 있어도
진정한 사랑(love)은 살 수 없다.

돈으로 쾌락(pleasure)은 살 수 있으나
마음속 깊은 곳의 기쁨(delight)은 살 수 없다.

돈으로 맛있는 음식(food)은 살 수 있지만
마음이 동하는 식욕(appetite)은 살 수 없다.

돈으로 화려한 옷(clothes)은 살 수 있으나
내면에서 우러난 참된 아름다움(beauty)은 살 수 없다.

돈으로 사치(luxury)를 꾸리면 살 수는 있으나
전통어린 문화(culture)는 살 수 없다.

돈으로 고급품(articles goods)을 살 수는 있으나
아늑한 평안(peace)은 살 수 없다.

돈으로 미인(beauty)을 살 수는 있으나
정신적인 평화로움(stability)은 살 수 없다.

돈이 있으면 성대한 장례식(funeral)을 치를
수 있지만 행복한 죽음(glorious death)은 살 수 없다.

돈으로 종교(religion)는 얻을 수 있으나
소망하는 구원(salvation)은 얻을 수 없다.

돈은 일상생활에 절대 필요하고 편리한 수단이지만
어디까지나 생활의 수단이지 인생의 목적은
결코 아니다.

돈은 인간에게 꼭 필요한 것이다.
그러나 돈만 가지고는 인생에서 가장 가치 있고
진정으로 만족스러운 것은 살 수 없다.

"진정한 행복은 물질이 아니라 마음에서 온다."

“성경이 탄환 막아줘” (이라크 참전 미군 화제)

가슴에 품고 있던 성경 덕분에 목숨을 건진 이라크 참전 미군이 화제가 되고 있다고 최근 미국 로컬6 뉴스가 보도했다. 언론에 따르면, 이라크에 주둔 중인 22세의 미군 브랜든 쉬에이가트는 최근 임무 수행 중 이라크 저격병으로부터 총격을 받았다.

가슴 부위에 총상을 입은 그는 기적적으로 목숨을 건졌는데, 윗옷 주머니에 넣고 있었던 작은 성경책이 탄환을 막아줬기 때문이다. 성경책이 없었더라면 저격병의 탄환이 심장 부위를 뚫고 지나갔을 것이라는 게 언론의 설명이다.

성경책 덕분에 목숨을 건진 22세의 미국 청년은 올 해 겨울 미국으로 돌아올 예정이라고 언론은 덧붙였다.

[팝뉴스 2007-08-27 11:23]
이상범 기자 (저작권자 팝뉴스)

뒤늦은 후회
(우선순위)

교포 가정에 남편과 아내가 함께 일하기 때문에 서로 만날 수 있는 시간이 없어 서로의 의사 소통을 냉장고 앞에 쪽지를 붙여 하곤 했다. 그런데 남편이 교통사고로 세상을 떠났다. 사흘이 지난 후 경찰서에서 남편이 사망했다는 전화 연락을 받고 부인은 그 때야 시신을 보고 한 맺힌 장례식을 끝냈다.

그 후 부인이 목사님을 찾아와 1만 불을 내 놓았다. 목사님이 이 돈이 무슨 돈이냐고 묻자, 그 부인이 대답하기를, "남편의 유물을 정리하는 중에 침대의 배게 속에서 3만 불을 발견했는데 그중 1만 불을 선교 헌금으로 바치기 원한다"고 대답했다.

우리들의 삶은 어떤가?

이 부부처럼 우선순위를 잊어버리고 사는 것이 아닌가.

당신은 신실하십니까?

당신의 자동차가 세 번 발동 거는데 한 번씩 걸리지 않아도 당신은 당신의 자동차가 신실하다고 할 수 있습니까?

신문배달원이 일주일에 두 번, 세 번 배달하지 않을 때 당신은 그를 신실하다고 할 수 있습니까?

당신이 한 달에 두 세 번씩 결근을 할 때 당신의 상관이 당신을 신실하다고 할까요.

당신의 친구가 가끔 약속을 어겼을 때 당신은 그를 신실하다고 생각할 수 있나요.

당신이 강의 시간에 한 달에 두 세 번씩 결석을 할 때 교수가 당신을 신실하다고 할 수 있을까요.

당신이 주일날 예배 참석을 한 달에 한 두 번씩 한다면 당신을 신실하다고 할 수 있을까요.

(고전 4:2)

* 대부분의 잠언이 남자들을 향한 경고요 경책인데 때때로 나타나는 여자들을 향한 잠언을 남자들은 더 관심 있게 보는 습관이 있다.

여 적

아인슈타인은 과학사의 새 지평을 활짝 연 천재적 물리학자이다. 그의 상대성이론은 "뉴턴역학"에 대한 코페르니쿠스적 전환이었다. 그러나 아인슈타인 같은 탁월한 과학자도 대학졸업 후 한동안 취업난에 시달려야 했다. 스위스 취리히 공대를 졸업한 그는 조교자리를 원했지만 실패했다. 2년 후 그는 가까스로 베른의 특허국 하급직원으로 취직했다. 그동안 반실업자 생활을 하며 고생이 무척 심했다고 한다. 하지만 특수상대성이론, 에너지와 물질에 대한 너무나도 유명한 공식 'E = mc2' 등 그의 천재성이 활짝 꽃피어난 곳은 특허국 근무 때였다. 꼭 좋은 직장이라야 능력이 발휘되는 것은 아닌 모양이다.

사람은 일을 하는 존재다. 직업과 직장은 그만큼 중요하다. 직업은 생활의 방편일 뿐 아니라 사회적 성취와 자기실현의 장이기도 하다. 로댕은 "일한다는 것은 인생의 가치이며 행복이다"라고 말했다. 일을 하고 싶어도 못하는 상황은 사람에게 고통일 것이다.

가정을 살리는 4가지 생명의 씨

맵씨 - 단정한 자세
솜씨 - 다른 식구들의 필요를 충족
말씨 - 다른 사람에게 상처를 입히지 않고 용기 있는 말로 격려
마음씨 - 무엇보다 보이지 않는 행동으로 상대방을 배려하는 마음

랍비와 전기 불

김의환박사가 로스앤젤레스(Los Angeles)의 한 랍비 집에 초대를 받았는데 대 낮인데도 그 집에 전기가 훤하게 켜져 있었다. 그래서 김박사가 왜 낮인데도 전기를 켜 놓았느냐고 물으니 랍비의 대답이 “이 전기는 금요일에 꺼야 하는데 실수로 끄지 못해 이제는 안식일이 지나야 끌 수 있다”는 것이었다. 그래서 나는 이방인이기 때문에 내가 끄면 어떠냐고 하여 허락 받아 껐다. 식탁에 앉았을 때 큰 물고기가 식탁에 나왔는데 뼈가 없어서 물었더니 안식일에 뼈를 고르면 노동이 되어 어제 다 골랐다고 말했다.

2003. 9. 27일 개혁신학회 폐회 예배 설교에서
김의환 박사

성실하면 오케이

평판(reputation)은 시간 속에서 이루어진다. 교회의 평판이 좋으면 목사가 설교를 죽 쓸 경우 “평판 좋은 교회의 목사도 이렇게 죽을 잘 쑤는 구나” 라고 하고, 평판이 나쁜 교회의 목사가 설교를 잘하면 “사기꾼이 말을 잘하는 구나” 라고 말한다.

2004. 8. 26(목) 합신 심령수련회에서
홍정길 목사 증언

칭찬은 길고 흉은 짧아야 한다.

남을 흉보는 것은 몇 시간 동안 할 수 있는데 남을 칭찬하고 좋은 이야기하는 것은 곧 끝나고 만다. 할 이야기가 별로 없다. 우리는 예수님의 이름으로 용서받은 사람인 것을 늘 생각해야 한다.

박병식 목사 2002, 12, 15

네 종류의 친구

친구에는 4가지 부류가 있다고 합니다.

첫째 꽃과 같은 친구.
꽃이 피어서 예쁠 때는
그 아름다움에 찬사를 아끼지 않습니다.
그러나 꽃이 지고 나면
돌아보는 이 하나 없듯
자기 좋을 때만 찾아오는 친구는
바로 꽃과 같은 친구입니다.

둘째 저울과 같은 친구.
저울은 무게에 따라
이쪽으로 또는 저쪽으로 기웁니다.
그와 같이 자신에게 이익이 있는지 없는지를
따져 이익이 큰 쪽으로만 움직이는 친구가
바로 저울과 같은 친구입니다.

셋째 산과 같은 친구.
산이란 온갖 새와 짐승의 안식처이며

멀리 보거나 가까이 가거나
늘 그 자리에서 반겨줍니다.
그처럼 생각만 해도 편안하고
마음 든든한 친구가
바로 산과 같은 친구입니다.

넷째 땅과 같은 친구.
땅은 뭇 생명의 싹을 틔워주고
곡식을 길러내며 누구에게도 조건 없이
기쁜 마음으로 은혜를 베풀어 줍니다.
한결 같은 마음으로 지지해 주는 친구가
바로 땅과 같은 친구입니다.

- 민들레 -
친구가 많다고 자랑하지 마십시오.
깊이가 중요합니다.
산과 같은 친구,
땅과 같은 친구가 진정한 친구입니다.

백견이 불여일행
(百見 不如一行)

우리는 '백문이 불여일견(百聞 不如一見)'이라는 말을 많이 쓰지만 중국에서는 '백견이 불여일행(百見 不如一行)'이라는 말을 훨씬 많이 쓴다.

전적으로 동의한다.

일단 한번 해보시라니까요.

– 한비야

출처 : 행복한 경영이야기

잘못된 결정은 언제든지 수정할 수 있습니다.

그러나 (에릭슨社 회장, 니나 디세사의 말처럼) 아무것도 하지 않는다면, 지나간 시간은 다시 돌아오지 않습니다.

백견이 불여일행(百見不如一行)이라는 말을 더 많이 쓰는 나라를 만들어 갈수 있기를 희망합니다.

진실한 사랑, 율법적인 사랑

우리는 사랑을 베풀면서도 율법적일 수 있다. 사랑을 의무적으로 하면 율법적인 사랑을 하게 된다.

건강한 중년을 맞는 사람들의 7가지 특징

1. 자기의 삶의 뜻과 방향을 확실히 정한다.
2. 자기가 살아온 삶에 실망하지 않는다.
3. 몇 가지의 장기 계획을 갖고 있다.
4. 주위의 모든 사람을 사랑한다.
5. 자기 비평에 신경 쓰지 않는다.
6. 미래에 대한 두려움이 없다.
7. 신앙을 삶의 중심에 둔다.

국민일보 이지현 기자

부부의 일곱 고개

일단 결혼한 부부들은 싫든 좋든 다음과 같은 일곱 고개를 넘어야 한데요.

첫째 고개는 환상의 고개로
신혼부터 3년쯤 걸려 넘는 고개로
갖가지 어려움을 비몽사몽간에 웃고 울며 넘는 눈물고개.

둘째 고개는 타협의 고개로
결혼 후 3~7년 동안에 서로에게 드러난 단점들을 타협하는 마음으로 위험한 권태기를 넘는 진땀 고개.

셋째 고개는 투쟁의 고개로
결혼 후 5~10년을 사는 동안 진짜 상대방을 알고 난 다음 피차가 자신과 투쟁하며 상대를 포용하는 현기증 나는 비몽 고개.

넷째 고개는 결단의 고개로
결혼 후 10~15년이 지나면서 상대방의 장, 단점을 현실로 인정하고 보조를 맞춰 가는 돌고 도는 헛바퀴 고개.

다섯째 고개는 따로 고개로
결혼 후 15~20년 후에 생기는 병으로 함께 살면서 정신적으로는 별거나 이혼한 것처럼 따로따로 자기 삶을 체념하며 넘는 아리랑 고개.

여섯째 고개는 통일 고개로
있었던 모든 것을 서로 덮고 새로운 헌신과 책임을 가지고 상대방을 위해 남은 생을 바치며 사는 내리막 고개.

일곱째 고개는 자유의 고개로
결혼 후 20년이 지난 후에 나타나는 완숙의 단계로 노력하지 않아도 눈치로 이해하며 행복을 나누는 천당고개.

아무쪼록 모두 천당고개를 넘어가시기를 바라며…

참으로 가난한 사람

돈이 없는 사람은 가난한 사람이다. 그러나 돈 밖에 없는 사람은 더 가난하고 더 불쌍한 사람이다.

빌리 썬데이

사람은 믿을 대상이 아니다.

* 사람은 사랑할 대상이지 믿을 대상이 아니다.

장상래 목사(은평장로교회)의 증언,
합신 심령수련회에서
1997, 8, 27(수)

올림픽과 메달의 행복도

2008년 8월 8일 베이징 올림픽이 시작되었다. 한국은 유도에 최민호, 수영에 박태환, 양궁 단체전 남, 여 선수들이 금메달을 획득하여 잔치 집 분위기에 싸였다. 그런데 미국 코넬대(Cornell University) 연구팀이 1992년 바르셀로나(Barcelona) 올림픽 때 은메달과 동메달을 딴 선수들의 행복도를 조사했다. 흥미 있는 결과는 경기 종료 순간 은메달이 확정된 선수의 행복도는 10점 만점에 4.8점인 반면 동메달이 확정된 선수는 7.1점이었다. 동메달이 은메달보다 행복도가 더 높았다. 메달을 걸어 주는 시상식에서도 동메달리스트의 행복지수는 5.7점으로 은메달의 4.3점에 비해 높았다. 그 이유는 은메달리스트는 금메달을 만족의 기준으로 삼는 반면 동메달리스트는 노 메달(no medal)을 기준으로 삼기 때문이다. 전자는 은메달의 기쁨보다 금메달을 놓친 게 가슴 아프지만, 후자는 동메달이라도 땄다는 사실에 감격하고 기쁜 것이다. 우리는 1등 지상주의, 일류 지상주의에 빠져 산다. 그러나 최선을 다하고 그 결과에 만족하는 삶을 사는 것이 행복한 삶을 사는 것이다.

동아일보 2008년 8월 12일 정성희논설위원의 글과
KBS 라디오 방송을 근거로 편저자가 편집

3부

지혜의 약수

링컨 대통령의 지혜

"나는 더디 가는 편입니다. 하지만 뒤로 가지는 않습니다."

세종대왕의 리더십

세종대왕의 리더십을 삼통의 리더십이라고도 한다.

삼통은
지통(智通)-견해가 통해야 한다. 즉 지식이 통해야 한다.
언통(言通)-의사소통이 잘되어야 한다.
심통(心通)-마음이 통해야 한다.

사무실에서 가져야 할 10가지 중요한 태도
(Ten great attitudes at office)

1. 나는 나의 미래를 책임진다.
I am in charge of my destiny.

If you spend your entire career waiting for something exciting to come to you, you will be waiting a long time. Successful professionals go out and make good things happen. So commit yourself to thinking about your career in an entirely different way. You will make it to the top, and you are in charge of making it happen.

2. 무엇이든지 가능하다. Anything is possible.

Think that there is no way you will ever be at the vice-president level? Then you definitely won't. Remember: If you think you can't, you probably won't. Adopt the attitude of The Little Engine That Could - "I think I can."

3. 어떤 일이든지 최선을 다해야 한다.
No task is too small to do well.

You never know when you are going to be noticed. That is one reason to take pride in your work - all of it. One public relations executive in Chicago said that her first task in the PR department of a ballet company was reorganizing the supply closet. She tackled the project with gusto and was immediately noticed for her hard work and attention to detail. Remember this the next time you feel like slacking because you are working on a menial task.

4. 모든 사람이 중요한 접촉 대상이다.

Everyone is a potential key contact.

While you do need to be aggressive in the workplace, you can also go far by being nice to those around you. Do you think it's unimportant to establish a good rapport with your boss's secretary? Well, just try getting your meeting squeezed onto the schedule when you really need it. Be courteous to those around you -- you never know when your past contacts will play a role in your future.

5. 나는 이 일을 위해 존재한다.

I was made to do this job··· and the one above me.

If you spend your days feeling like you are not cut out to do the work you are responsible for, your performance will suffer. Your job may not be the perfect fit, but successful workers act like they are in their dream job, no matter where they are.

6. 내가 무엇을 아느냐 보다는 누구를 아느냐가 중요하다. It's not just what I know, but who I know.

Successful workers understand the importance of networking, both in and out of the office. You need to proactively establish professional contacts. Invite a colleague out to lunch. Go to the after-work happy hour. Join your professional association. Do your part to establish a networking path for your future.

7. 내가 무엇을 더 할 수 있을까 생각해야 한다.
What else can I do?

Since you are in charge of your destiny, it's your job to look for ways to improve your professional self. Volunteer to take on an extra project. Learn a new skill that will make you more marketable. Stay late to help your co-workers. Successful workers don't just complete the job and sign out - they look for additional ways to make their mark.

8. 실패는 나의 성공의 첩경이다.

Failure will help pave the way to my success.

While it seems like some people never experience set-backs, the truth is everyone fails from time to time. The difference between successful and unsuccessful people is how they deal with failure. Those who find success are the ones who learn from mistakes and move on.

9. 나는 나를 제일 좋아한다.

I am my own biggest fan.

Have you been waiting for someone in the office to recognize your talents and efforts? Maybe it's time you start tooting your own horn. Step up and talk about your accomplishments and what you have done for the company. Successful workers know how to point out their achievements without sounding boastful.

10. 나는 기회를 포착하기 위해 항상 깨어 있다.

My opportunity monitor is never turned off.

Yes, there will be days when you will want to just be happy with the status quo. But remember that successful workers are always on the lookout for opportunities to improve. Keep your eyes, ears and your mind open to new opportunities - you never know when you will discover the one that will change the course of your career!

편저자 요약

좀스런 욕심

"하나님은 햇빛을 주시고, 비를 주시고, 바람을 주신다. 인간들이 좀스러워 욕심을 부리지만 하나님은 모든 것을 골고루 주신다."

김창인 목사
99년 10월 3일 3부(충현교회)

칭찬과 아첨

칭찬은 진지하고,
아첨은 무성의하다.
칭찬은 마음속으로부터 나오고,
아첨은 이빨 사이에서 새어 나온다.

고도원

4배의 효과

두 사람의 힘이 나누어지면 그 힘이 1/2로 줄어든다. 두 사람의 힘이 합쳐지면 그 힘이 2배로 증가 한다. 결과를 계산하면 2는 1/2의 4배가 된다.

세 가지 종류의 사람

"사람들은 세 가지 종류로 나뉠 수 있다. 죽도록 일만 하는 사람과 죽도록 걱정만 하는 사람, 그리고 지루해서 죽으려고 하는 사람이 그것이다."(p. 432)

"책을 다 읽을 수 없다면 최소한 만지기라도 해라. 사서 들고 쳐다보기라도 해라. 아무 페이지나 펼쳐서 아무데나 눈에 띄는 구절부터 읽어라" (p. 435)

윈스턴 처칠(1874~1965),
폭풍의 한 가운데서(Thoughts and Adventures)
(아침이슬, 2003)
조원영 옮김

문제 있는 부모, 문제 있는 자녀

1965년 이래 38년 교사로 있으면서 경험한 것은 문제가 있는 학생이 된 경우 부모가 그 원인을 제공하지 않은 경우는 한 번도 본 적이 없다.

송파제일교회 저녁 예배 시

21세기에 가장 느린 동물은 목사

목사들이 일반 성도들이나 장로, 집사에 비해 책을 읽지 않은 것을 빗대어 말하기를, "21세기에 가장 느린 동물이 거북이와 목사들이다"라고 했다.

배국남 기자

거짓말도 확신 있게 한다

2008년 1월 27일(주일) 저녁 예배에 강남의 한 교회(name withheld)에서 윤… 목사가 빌 2:5-11을 본문으로 설교하면서 본문의 "자기를 비어"의 뜻은 인간이 "I am nothing." 이라는 뜻이라고 선포했다. 인간의 겸손을 강조하는 것은 좋으나 본문의 뜻과는 거리가 먼 말씀이다. 본문의 "자기를 비어"는 예수님이 하나님의 영광과 존귀와 권세를 주장하지 않고 인간의 모양으로 성육신 하신 것을 뜻한다. "비어"가 "I am nothing."의 뜻은 아니다. 공부 안 하면 위선하고, 거짓말도 확신 있게 하는 예는 아닌지 하여 씁쓸하다.

편저자 박형용

기러기로부터 배울 수 있는 교훈

사실 No. 1 - 앞선 기러기가 날개를 치므로 뒤따라오는 기러기에게 상승 기류를 제공한다. 기러기들이 V자 형으로 날아감으로 혼자 나는 거리보다 훨씬 더 많이 날을 수 있다. 한 마리가 날아갈 때보다 70%의 힘을 절약할 수 있다. 뒤에서 날개 짓을 하는 기러기가 내는 바람이 앞의 기러기를 떠받친다.

교훈 No. 1 - 같은 방향성과 공동체 의식을 가진 사람들은 여행할 때 목적지에 더 빨리 그리고 더 쉽게 도착하게 된다. 그 이유는 자신의 힘과 다른 사람의 힘이 합쳐져 상승효과를 내기 때문이다. 우리는 협동심의 중요성을 기러기로부터 배워야 한다.

사실 No. 2 - 한 마리의 기러기가 날아가고 있는 떼로부터 낙오되면 뒤로 처지는 경우가 있다. 그 때 그 한 마리의 기러기는 재빨리 떼로 복귀하여 앞으로 날아가는 기러기가 만드는 상승효과를 활용한다.

교훈 No. 2 - 사람이 기러기만큼의 감각을 소유하고 있다면 우리는 공동체 안에 머물 것이며 도움이 필요할 때 다른 사람의 도움을 받을 것이다.

사실 No. 3 - 떼를 인도하는 첫째 위치의 기러기가 피곤해지면 그 기러기는 편대 속으로 들어가고 다른 기러기가 인도자의 위치에 들어가 떼를 인도한다.

교훈 No. 3 - 기러기는 본능적으로 지도자의 임무를 서로 나누어 맡는다. 그들은 지도자를 증오하지 않는다.

사실 No. 4 - V자 형으로 날아갈 때 뒤쪽에 있는 기러기는 꽥꽥 소리를 내어 앞에서 날아가고 있는 동료들이 속도를 유지할 수 있도록 격려한다.

교훈 No. 4 - 사람들은 뒤쪽에서 소리를 칠 때 그 소리가 격려하는 소리임을 확실하게 해야 한다.

사실 No. 5 - 한 마리의 기러기가 아프거나, 상처를 입었거나 혹은 총에 맞았을 때는 두 마리의 기러기가 떼로부터 분리하여 상처 입은 기러기를 돕고 보호하기 위해 지상으로 내려온다. 그들은 상처 입은 동료가 다시 날 수 있을 때까지 함께 하거나 죽을 때까지 함께 있는다. 그리고 그들은 다시 날아올라 떼와 합류하거나 다른 떼와 합류하여 날아간다.

교훈 No. 5 - 사람이 기러기만큼의 감각을 가졌다면 어려운 때에 서로를 위해 대기하고 있을 것이며 공동체에서 떨어져 나간 사람이 제자리를 찾도록 도울 것이다.

What We Can Learn From Geese

Fact No. 1: As each bird flaps its wings, it creates an uplift draft for the bird following. By flying in a "V" formation, the whole flock adds a greater flying range than if one bird flew alone.

Lesson No. 1: People who share a common direction and sense of community can get where they're going quicker and more easily because they are traveling on the strength of one another.

Fact No. 2: Whenever a goose fails out of formation, it suddenly feels the drag and resistance of trying to fly alone and quickly gets back into formation to take advantage of the lifting power of the bird immediately in front.

Lesson No. 2: If we have as much sense as geese, we will stay in formation and be willing to accept help when we need it and give help when it is needed.

Fact No. 3: When the lead goose gets tired, it rotates back into the formation, and another goose flies in the point position.

Lesson No. 3: Geese instinctively share the task of leadership and do not resent the leader.

Fact No. 4: The geese in formation honk from behind to encourage those up front to keep up their speed.

Lesson No. 4: We need to make sure our honking from behind is encouraging and not something else.

Fact No. 5: When a goose gets sick, is wounded or is shot down, two geese drop out of formation and follow it down to earth to help and protect it. They stay with their disabled companion until it is able to fly again or dies. They then launch out on their own or with another formation or catch up with the flock.

Lesson No. 5: If we have as much sense as geese, we, too, will stand by one another in difficult times and help the one who has dropped out regain his place in the formation.

Dick E Bird News에서
(그럼에도 불구하고, p. 203 에 있으나
영어와 함께 여기에 소개한다.)

진정한 교육
(True Learning)

한번은 한 제자가 스승에게 불평을 했다. "선생님은 우리들에게 이야기는 말해 주면서 한 번도 그 뜻을 우리에게 밝혀 주시지 않았습니다."

스승이 대답하기를, "너는 어떤 사람이 너에게 과일을 제공하면서 그 과일을 입에 넣고 잘 씹어서 너에게 준다면 어떻게 생각하겠느냐?"라고 하셨다.

(A disciple once complained, "You tell us stories, but you never reveal their meaning to us." The master replied, "How would you like it if someone offered you fruit and chewed it up for you before giving it to you?")

번역 박형용
Source unknown

잭 웰치의 "4E" 리더십

1. Energy(활력)
2. Energize(동기부여)
3. Edge(결단력)
4. Execute(실행력)

12가지 젊음 유지 방법
(12Tips on Remaining Young)

There has been an enormous amount of research on ways to protect your brain through nutrition. After reviewing the medical and scientific literature, I can assure you that nutritional methods are infinitely more effective and safer than pharmaceutical drugs. Here is what you can do:

1. 가공된 음식은 피하고 신선하게 준비된 음식을 먹으라. Avoid processed foods and eat only freshly prepared meals. Most processed foods contain harmful fats (omega-6 fats), additives and even toxic metals. In addition, they contain too much salt and sugar.

2. 매일 다섯 가지에서 열 가지 정도의 신선한 채소와 약간의 과일을 먹으라. Eat five to 10 servings of fresh vegetables and some fruits every day. Choose nutrient-dense vegetables like broccoli, cauliflower, Brussels sprouts, kale, celery, parsley, tomatoes, mus-

tard greens, turnip greens, collard greens, squash and onions. Because fruits are high in sugar, eat only limited amounts and avoid sweetened fruit juices. These foods contain vitamins, minerals and special substances called flavonoids that are powerful and versatile antioxidants. In addition, some of them often provide other brain-protective nutrients.

3. 오메가 6 기름은 피하라. 그것들은 옥수수, 땅콩, 해바라기, 콩 등에서 추출된다. Avoid Omega-6 oils (found in corn, safflower, sunflower, peanut, soybean and canola oils). You should not cook with these oils, nor should you use products that contain them (chips, breads, pastries, etc.).

4. 하루에 적어도 두 온스 정도의 올리브기름을 먹으라. Consume at least two ounces of extra-virgin olive oil a day. This oil contains a number of powerful antioxidants, as well as healthy monounsaturated oil. You can use it on a salad or mix it with other foods.

5. 오메가 3 기름으로 만든 보조 식품이나 음식을 먹으라.

Take Omega-3 oil supplements and foods enhanced with this healthy fat. This includes Christopher eggs and other egg brands that contain Omega-3. These supplements should not be in gelatin capsules. Get the liquid form of highly purified fish oil. It is molecularly distilled to remove dangerous mercury, polychlorinated biphenyls (PCBs) and dioxins. Keep the oil refrigerated. And be sure to get oil that is high in DHA. The dose is 1,000 mg. of DHA each day. The Omega-3 oils reduce brain inflammation and cool down excessive immune activity.

6. 설탕을 피하라. Avoid sugar. Sucrose, the sugar used in foods and as a sweetener, causes a greater insulin surge than glucose, the natural form. Extensive evidence has shown that sugar plays a major role in accelerating aging - especially brain aging. This is because sugar revs up the metabolism, which generates a storm of free radicals. In addition, sugar forms abnormal bonds with proteins and this dramatically accelerates aging. High sugar intake compounds the risk of Alzheimer's disease over 300%. High fructose corn

syrup is especially damaging.

7. 글라이쎄믹 인덱스(Glycemic index)가 낮은 탄수화물을 먹으라. Eat complex carbohydrates that are low on the glycemic index. These include broccoli, cabbage, lettuce, onions and more. You can find the index on the Internet. These foods are absorbed slowly and help avoid an insulin surge (which can lead to hypoglycemia). It is also important to eat only limited amounts of carbohydrates each day. That means no more than two servings (a serving is a cup) with each meal.

8. 하얀 차(white tea) 를 로즈메리 차와 섞어 마시라. Drink a combination of white tea mixed with rosemary tea. These teas contain powerful antioxidants and have been shown to especially protect the brain against abnormal aging. Two cups a day should be adequate. White tea is the same as green tea but contains much lower levels of fluoride with higher levels of antioxidants.

9. 치아에 은으로 아말감을 만든 사람은 잘 훈련받은 치과의사에게 그것을 제거하도록 하고 세라믹으로 교체하라. If you have amalgam (silver) fillings, find a dentist specially trained in their safe removal and have them taken out and replaced with ceramics. Contact the IAOMT organization (www.iaomt.com) for a list of trained dentists near you. The mercury from amalgams has been shown to vaporize in the mouth, at which point it is absorbed into the blood. In addition, the mercury can travel directly to your brain by way of the olfactory nerves in your nose.

10. 계속적인 스트레스는 피하라. Avoid continuous stress. Unrelieved stress greatly increases free-radical production and lipid peroxidation in the brain, causing it to age abnormally and rapidly. Make sure you get at least eight hours of sleep a night. Regular moderate exercise is also an excellent way to relieve stress. It has been shown to slow brain aging. However, extreme exercise can have the opposite effect. The Omega-3 oils have also been shown to protect the brain against stress damage.

11. 우울증을 피하라. Avoid depression. If you become depressed, seek treatment early. A number of studies have shown that depression causes a loss of memory and learning difficulties, and that over time the hippocampus of the brain (the memory and learning center) actually shrinks. Depression is best treated with regular exercise. Avoiding Omega-6 fats and increasing Omega-3s also helps. Omega-3 fats have been shown to improve depression and protect the brain from depression-related damage.

12. 일주일에 한 번씩 저녁 먹을 때까지 단식하라. Once a week, you should fast at least until dinner. Fasting once a week has been shown to dramatically slow brain aging and accelerate repair of this essential organ. Experiments have demonstrated that fasting causes the brain to generate growth-stimulating chemicals (brain growth factor and epithelial growth factor) that promote healing of damaged neurons

Blaylock Tip of the Week:

"횃불을 다음 지도자에게 넘기는 지혜"
(Watching the Torch Pass)

시간은 쏜 살 같이 지나갑니다. 시간은 고속도로를 달리는 것과 같습니다.
나이는 홍수가 저수지를 채우는 것처럼 당신 주변을 채웁니다.
가치관은 그런 시간의 압박 속에서 빨리 변합니다.
명성이 문제가 아니요 어떤 계급까지 올라갔느냐 도 문제가 아닙니다.
문제는 당신이 곧 대면하게 될 하나님의 명예입니다.
문제는 진정한 부를 창출할 불로 단련된 금입니다.
문제는 모든 사람의 아픈 곳을 시원하게 해줄 안약입니다.
문제는 우리들의 벌거벗음과 추한 곳을 덮어줄 하얀 옷입니다. 그것은 우리들의 명성으로가 아니라 그리스도로부터 사는 것입니다.
그것은 찬송을 받아야 할 보상을 가져다줍니다.
영원 무궁히 그분께만 영광을!
그것은 당신의 증거와 삶을 통해 하나님이 더해 주실 영혼들입니다.

("Time passes swiftly! It roars down the pike,
Age swirls around you like floods through the dike;
Values change quickly in such pressings of time;
It's not really prestige or what ladder you climb,
It's the honor of God whom soon you will face;
It's the gold through the fire that produces true riches;
It's the eye salve to scratch where each hurting soul itch-
es;
It's white clothing that covers our nakedness and shame,
It's buying from Christ - not the extent of your fame,
That produces rewards that are worthy of praise,
To Him be the glory in an eternity of days;
It's the souls God has added through your witness and
life.")

번역 박형용
by Mark I. Bubeck

경제적으로 어려울 때 번영하는 길

(How to Prosper in a Declining Economy)

By Crown Financial Ministries

1. 만족하는 법을 배우라. Learn to be content (I Tim. 6:6-9).
2. 빚 갚는 우선 수위를 만들라. Prioritize your debt. Make sure you don't compromise your home or your transportation.
3. 필요하면 빚쟁이들과 타협을 하라. Negotiate with creditors as needed. Be proactive. Seek a meeting with them to make payment arrangements rather than waiting until you miss payments, and they come looking for you.
4. 매월 지불해야할 것을 성실히 지불하라. Pay your bills faithfully. Making your payments on or before the due date is a positive testimony to your creditors and a good example to your family/neighbors.
5. 빚을 갚을 때 가능하면 갚을 금액 이상으로 갚으라. Pay extra whenever you can to accelerate payoff dates.

6. 경제 활동을 줄여 현금 상황을 호전시키라.
Downsize if it puts you in a better cash position.
7. 캐이블이나 세텔라이트를 취소시키고 책을 읽도록 하라. Cancel cable/satellite. Instead, read a book, play a table game, or share coffee with friends.
8. 거라지 세일을 통해 현금을 조금이라도 확보하라.
Have a garage sale to generate extra cash to pay down debt or to increase savings.
9. 물물교환을 통해 지출을 줄이라.
Explore bartering to save on outgoing expenses.
10. Crown Money Map의 방법으로 현 상황을 호전시켜라. Work your way through the Crown Money Map (available at www. crown.org).
11. 텃밭을 만들어 채소를 공급하라.
Learn to garden. Use fresh vegetables and fruit when in season; try a new recipe.
12. 가족의 활동을 통해 유익을 구하라.
Capitalize on your most valuable assets, your family.

오늘은 선물이다
(Today is a gift.)

어제는 역사요, 내일은 신비요, 오늘은 선물이다.
당신의 삶은 당신의 선물을 어떻게 사용하느냐에 달려 있다.

Yesterday is a history. Tomorrow is a mystery.
Today is a gift.
Your life depends on how you use your gift.

진정한 자녀교육

부모는 자녀를 죄악으로부터는 보호하되 고통으로부터는 너무 보호하지 말아야 한다.

2006년 12월 17일 11시 예배시 (송파제일교회)
이유환목사

디아길레프와 스트라빈스키

세르게이 디아길레프(1872-1929)는 1909년부터 세상을 떠날 때까지 20년에 걸쳐 러시아발레단의 단장이었다. 그는 독단에 가까울 만큼의 추진력을 갖고 일에 몰두해 '독재자'로 불렸다. 그는 때로 모험에 가까운 인재 등용을 해서 격렬한 반발을 받기도 했다. 그러나 가장 파격적인 인사는 작곡가 이고리 스트라빈스키(1882~1971)를 채용한 일일 것이다. 스트라빈스키는 대학에서는 법학을 전공했던 무명의 젊은이였다. 그런데 디아길레프는 그의 관현악 작품 '꽃불'을 듣고 단번에 발레작품 '불새'의 작곡을 맡겼다. 원래 기성 작곡가인 리아도프에게 작곡이 의뢰돼 있던 터라 단원들의 반발이 컸다. 하지만 디아길레프는 "기억해 두는 게 좋을 거야! 이 남자는 곧 유명해질 테니까."라고 말했다. 디아길레프의 말은 틀리지 않았다. '불새'는 대성공을 거두었으며, 스트라빈스키는 유럽 전역에서 명성을 떨치게 되었다. 한국사회는 간판보다 실력을 중시하는 풍토를 조성해야 한다. '천재를 발견하는 천재'로 불렸던 디아겔레프의 선입견 없는 지혜가 절실히 필요한 때이다.

편저자 박형용 전언

해외 봉사선교 활동의 필요성

2007년 7월 19일 23명의 선교봉사 단원이 아프가니스탄의 탈레반에 의해 피랍되었다. 이 글을 쓰는 시점(8월 15일)을 기준으로 2명이 살해되었고, 2명의 여자 단원이 풀려났다. 19명의 청년들이 아직도 피랍된 상태로 있다. 이들은 분당에 소재한 고신측 교회인 샘물교회(박은조 목사)에서 선교봉사를 위해 아프가니스탄에서 활동하다가 탈레반에 의해 피랍되어 온 교계는 물론, 온 나라, 아니 온 세계의 관심을 모았다. 이 사건을 계기로 선교 봉사활동을 해야 하느냐 조절해야 하느냐하는 의견들이 많이 개진되었다. 특히 비신자들은 이들의 활동을 무모하게 생각하고 비난하기까지 했다.

국민일보 기독교연구소(소장 이태형)가 2007년 8월 9일 이 문제와 관련하여 여론조사 전문기관 글로벌리서치에 의뢰하여 여론 조사를 했다. 여론조사 대상은 전국 19세 이상 1003명(개신교인 197명, 비개신교인 806명)으로 전화를 통해 이루어졌다.

"비난 받을 일인가"라는 질문에 개신교인 64.1%는 "비난 받을 만한 일이 아니다"라고 답한 반면, 비개신교인 67.2%는 "비난 받아 마땅하다"라고 응답했다.

"피랍사태 발생의 책임이 누구에게 있느냐"는 질문에 개신교인은 48.4%가 "파견교회" 또는 "피랍 당사자"라고 답하고, 비개신교인 77.7%는 교회나 당사자 책임이라고 답했다.

전체 조사대상자 중 64.5%(개신교인 44.5%, 비개신교인 69.4%)는 기독교가 아닌 종교를 채택하고 있는 국가들에 대한 선교를 중단해야 한다고 생각하고, 절대 다수(85.3%)의 응답자들이 이번 사태를 계기로 한국교회들이 해외 봉사 선교 활동을 "조절할 필요가 있다"고 응답했다.

우리는 이번 사태를 통해 어떤 방법의 선교든지 뱀같이 지혜롭고 비둘기 같이 순결한 태도로 선교에 임해야 함을 알아야 한다(마 10:16). 하지만 선교를 중단하거나 타 종교를 채택한 나라에는 선교해서는 안 된다는 생각은 잘못이다. 하나님 나라 확장에 나라의 한계가 어디 있으며 민족의 한계가 어디 있는가? 하나님의 주권이 그가 창조하신 온 세계의 모든 지역에서 행사될 수 있도록 교회는 선교에 임해야 한다. 하나님과 하나님의 명령 그리고 복음은 우리의 생명보다 더 가치가 있는 것이다. 이는 하나님 자신과 우리의 생명의 비교이기 때문이다.

편저자 박형용

하나님의 우선순위와 사람의 계획

하나님의 우선순위가 사람의 계략보다 더 중요하며 일을 실천할 사람의 일의 계획(program)보다 더 중요하며 사명이 건물보다 중요하며 기도가 선전보다 더 중요하며 전체 교회가 어떤 한 지체의 주장보다 더 중요 하다.

편저자 박형용

행운도 하나님의 사랑인가?

전철 7호선에 광고된 내용이다. “행운도 하나님의 사랑입니다” 밑에

Good Luck　　　Good Love

라고 쓰고 그 밑에 광고주인 높은 뜻 숭의교회 라고 쓰여 있었다.

요즘엔 바른신학, 바른교회가 아쉬운 때이다. 행운(Luck)과 하나님의 사랑을 혼동하기까지 하니 안타까운 일이다.

편저자 전언

황창규 삼성전자 사장의 경영철학

내 사무실에는 나를 칭찬하는 사람은 못 들어오게 한다. 그런 사람이 있으면 나가라고 발로 찬다. 내 사무실에는 '이러면 안 됩니다 저러면 안 됩니다' 이런 말을 하는 사람만 들어오게 한다. 이것이 나의 경영철학이다.

훌륭한 지도자는 스스로 열정과 자신감을 갖고 있기에, '칭찬보다는 비판을 오히려 묘약'으로 삼습니다. 윈스턴 처칠은 '비판은 대개 유용하지만 칭찬은 기만적이다'고 비판의 중요성을 강조한 바 있습니다.

부하 직원들이 상사의 단점을 편안하게 지적해 줄 수 있도록 단점을 지적해주는 직원에게 매우 친절한 감사의 표시를 할 수 있어야 합니다.

반대와 비판은 더 없이 좋은 선물이기 때문입니다.

- 황창규 삼성전자 반도체 부문 사장

출처 : 행복한 경영이야기

어리석음 대처 방법

"어리석음은 나쁜 것보다 더 나빠요. 그런 어리석음을 고발하려면 정색하고 논쟁을 펼쳐선 안 됩니다. 그건 그 어리석음을 우리와 대등한 존재로 격상시켜 주기 때문이죠. 어리석음엔 농담으로 대응해야 해요. 그래야 어리석음보다 더 위에 있을 수 있으니까요."

"풍자의 거장" 체코 감독 이르지 멘젤
(동아일보, 2007, 5, 10)

선행과 세 친구 이야기

탈무드에 세 친구의 이야기가 나온다. 어느 날 임금이 사자를 보내어 어떤 사람에게 출두를 명령했다. 출두 명령을 받은 사람은 평소 알고 지내는 세 친구와 의논하기로 했다. 그 사람이 첫째 친구에게 동행을 청했다. 그러나 첫째 친구는 별다른 이유 없이 단호하게 거절했다. 그래서 그는 두 번째 친구에게 동행을 부탁했다. 두 번째 친구는 왕 앞에 서는 것이 두려우니 대궐 문 앞까지만 가겠다고 대답했다. 첫 번째 친구와 두 번째 친구에게 실망한 이 사람은 할 수 없이 별로 친하지도 않은 세 번째 친구에게 동행을 부탁했다. 그런데 세 번째 친구는 뜻밖에도 임금에게 가서 잘 말해주겠다고 까지 했다.

이 이야기에 등장하는 임금은 하나님을 가리키고, 대궐로의 부름은 죽음을 비유한다. 그리고 첫째 친구는 돈이며, 둘째 친구는 친척이요, 셋째 친구는 선행이다. 돈은 죽을 때 가져 갈수 없다. 친척도 죽을 때 같이 갈 수 없다. 그러나 우리의 선행은 하나님의 심판대 앞에서 우리를 변호해 줄 것이다.

편저자 박형용

신학 수업과 잔꾀

덕은 모든 잔꾀를 이긴다. 진리는 항상 승하게 마련이다. 합동신학대학원은 성경이 영감으로 기록된 것과 정확 무오함을 가르친다. 합동신학대학원은 개혁주의 신학을 가르친다는 뜻이다. 우리들의 구원과 삶에 하나님의 주권을 강하게 강조한다. 그런데 어떤 학생은 신학교 입학 전에 가졌던 자신의 신학과 자신의 전제를 가지고 입학을 한다.

이 학생이 3년 동안 신학공부를 하면서 자신의 신학 입장과 전제를 드러내어 놓고 성경의 교훈에 따라 자신의 입장을 평가하고 바른 신학 입장으로 교체 무장하는 것은 현명한 일이다. 그런데 어떤 학생은 자신의 신학 입장과 전제를 그대로 가지고 3년 동안 잠복기에 들어가는 사람이 있다. 그런 학생은 면허증을 따러 온 것이지 소명과 사명의 확인을 받지 못한다. 하나님의 나라를 위한 실력은 히브리어 단어 하나 더 기억하고 헬라어 단어 하나 더 아는 것도 중요하지만 내가 얼마나 예수님께 더 가까이 나아갔느냐가 더 중요하다. 면허증을 따기 위한 공부는 잔꾀를 부리는 기술에 윤활유를 바르는 것이지만 그 결국은 치명적인 사고를 피할 수 없게 된다.

편저자 박형용

인간에게 필요한 6가지 지혜

뇌 내 혁명은 한 때 베스트셀러였다. 이 책에서 인간에게 필요한 것 6가지를 열거한다.

1. 피곤하지 않게 사는 것.
2. 적절한 잠을 자는 것.
3. 식욕을 절제하는 것.
4. 화내지 않는 것.
5. 지속적인 두뇌 사용과 적절한 운동을 하는 것.
6. 마음의 평화를 지키는 것 등이다.

편저자 박형용

좋은 광고

올림픽대로를 국립묘지 쪽에서 잠실 쪽으로 가다보면 압구정동 근처에 신선한 광고를 보게 된다. 1차선 옆에 약 150미터 간격으로 다음의 말이 나타난다. 지나면서 볼 때마다 좋은 광고라는 생각을 한다.

"아빠" 담배꽁초 버렸지? **사랑하는 딸**

앗 뜨거워, **잔디 생각**

담배를 피우시나요?

어디에 버리시려구요?

양심도 버리시겠습니까?

여러분, 감사합니다. **하트 세 개**

편저자 박형용 전언

염려 해결 방법

1) 우리의 마음을 그리스도에게 고정시켜야 한다(마 6:33).
2) 우리는 하루하루 사는 법을 배워야 한다. 우리는 항상 오늘(today)을 사는 것이다.
3) 4Ps
   ① Presence- 하나님의 임재를 기억하라.
   ② Promise- 하나님의 약속을 세어보라.
   ③ Prayer- 염려를 하나님께 아뢰라.
   ④ Patience- 하나님의 인도를 기다리라.

Charles Swindoll - 「Perfect Trust」에서

예수는 누구인가?
Who Is Jesus?

그는 비교할 수 없고 전례가 없는 분이다.

He is unparalleled and unprecedented.

그는 문명의 중심이시다.

He is the centerpiece of civilization.

그는 모든 탁월함의 최고이시다.

He is the superlative of all excellence.

그는 모든 인간의 위대함의 총화이시다.

He is the sum of all human greatness.

그는 하나님의 은혜의 근원이시다.

He is the source of divine grace.

그의 이름은 구원할 수 있는 유일한 이름이다.

His name is the only one able to save.

그의 피는 정결케 할 수 있는 유일한 피이다.

His blood is the only one able to cleanse.

그의 귀는 죄인들의 호소에 열려있다.

His ears are open to the sinner's call.

그의 손은 타락한 영혼을 붙드는데 빠르다.

His hands are quick to lift the fallen soul.

그는 노력하는 영혼을 위해 자비를 베푸신다.
He supplies mercy for the struggling soul.
그는 시련 받는 자들을 보존하신다.
He sustains the tempted and the tried.
그는 상처받고 깨진 자들을 위로하신다.
He sympathizes with the wounded and the broken.
그는 연약하고 지친 자들을 강하게 하신다.
He strengthens the weak and the weary.
그는 방황하는 자들을 인도하고 보호하신다.
He guides and guards the wanderer.
그는 아픈 자들을 고치시고 한셈 병 환자를 깨끗하게 하신다.
He heals the sick and cleanses the leper.
그는 포로 된 자들을 구하시고 마음에 상처 받은 자들을 싸 메신다.
He delivers the captured and binds up the broken-hearted.

그는 모든 지식의 열쇠이다.
He is the key to all knowledge.
그는 지혜의 셈이시다.
He is the wellspring of wisdom.
그는 구원의 문이시다.
He is the doorway of deliverance.

그는 평강의 통로이시다.

He is the pathway of peace.

그는 의로 인도하는 길이시다.

He is the roadway of righteousness.

그는 거룩의 고속도로이시다.

He is the highway of holiness.

그는 영광으로 가는 문이시다.

He is the gateway of glory.

예수는 모든 것을 충족시키는 왕이시다.

Jesus is the all-sufficient King.

그는 유대인의 왕이시다.

He is the King of the Jews.

그는 이스라엘의 왕이시다.

He is the King of Israel.

그는 의의 왕이시다.

He is the King of Righteousness.

그는 전 세대의 왕이시다.

He is the King of the Ages.

그는 하늘의 왕이시다.

He is the King of Heaven.

그는 영광의 왕이시다.

He is the King of Glory.
그는 왕들의 왕이시다.
He is the King of Kings.
그는 만군의 주님이시다.
He is the Lord of Lords.

그는 완전히 묘사될 수 없다.
He is indescribable.
그는 완전히 이해될 수 없다.
He is incomprehensible.
그는 불가시적이다.
He is Invisible.
그는 불가항력적이다.
He is Irresistible.
그대는 예수님보다 더 오래 살 수 없고 예수 없이 살 수도 없다.
You can't outlive Him and can't live without Him.

바리새인들은 예수를 싫어했지만 그를 막지는 못했다.
The Pharisees didn't like Him, but they couldn't stop Him.
빌라도는 그의 잘못을 찾을 수 없었다.

Pilate couldn't fault Him.
헤롯은 그를 죽일 수 없었다.
Herod couldn't kill Him.
사망은 그를 이길 수 없었다.
Death couldn't conquer Him.
무덤은 그를 담아 둘 수 없었다.
The Grave couldn't hold Him.

그는 알파와 오메가이시다.
He is the Alpha and Omega.
그는 처음이요 마지막이시다.
He is the first and the last.
그는 시작이요 끝이시다.
He is the beginning and the end (the middle too!).
그는 미래의 하나님이시오 과거의 하나님이시다.
He is the God of the future and God of the past.

그는 나의 소망이시다.
He is my Hope.

그는 나의 구원자이시다.
He is my Savior.

그는 나의 존재 이유이시다.
He is my Reason.
그는 나의 메시아이시다.
He is my Messiah.
그는 나를 돕는 자이시다.
He is my Healer.
그는 나의 구속자이시다.
He is my Redeemer.
그는 나의 선생이시다.
He is my Teacher.
그는 나의 유일하고 진정한 친구이시다.
He is my only true Friend.
그는 나의 안내자요 보호자이시다.
He is my Guide and Guardian.

그는 중동의 모든 원유보다 더 가치 있는 분이시다.
He is worth more than all the oil in the Middle East.
그는 아프리카의 모든 상아와 짐승 가죽보다 더 가치 있는 분이시다.
More than all the tusks and hides of Africa.
그는 미국의 모든 부 보다 더 가치 있는 분이시다.
More than all the wealth of America.

그는 사하라의 모든 모래보다 더 가치 있는 분이시다.
More than all the sand of the Sahara.
그는 솔로몬의 모든 다이아몬드보다 더 가치 있는 분이시다.
More than all the diamonds of Solomon.
그는 이 세상의 모든 비밀보다 더 가치 있는 분이시다.
More than all the mysteries of this World.
그는 아시아의 전통과 이집트의 보화보다 더 가치 있는 분이시다.
More than the traditions of Asia and treasures of Egypt.
그는 과거나 미래의 어떤 즐거움이나 보화보다 더 가치 있는 분이시다.
More than any pleasures or treasures in the past or future.

그의 위대함은 온 우주를 덮는다.
His greatness spans the whole Universe.

그의 지혜는 태평양의 깊이보다 더 깊다.
His wisdom is deeper than the depths of the Pacific.
그의 주권은 은하계를 넘어서까지 펼쳐진다.
His sovereignty spans beyond the galaxies.
그의 귀는 사람의 가장 깊은 생각도 듣는다.

His ears listen to the innermost thoughts of men.

그의 말은 하늘의 천둥처럼 강하고 확실하다.

His speech is like the thunders of Heaven strong and sure.

그의 말은 아이의 속삭임처럼 고요하고 나지막하기도하다.

Yet, like the whispers of a child still and small.

그의 눈은 자연의 끝까지 모두 볼 수 있다.

His eyes scan the horizon of nature's ends.

그는 지구의 변방을 넘어서까지 볼 수 있다.

Sees beyond the perimeters of the earth.

그는 사람의 모든 행위를 알 수 있다.

And ponders upon the goings of man.

그는 빛과 어두움을 창조하신 하나님이시다.

He is God who creates the light and darkness.

그는 전체 지구를 그의 손바닥에 올려놓고 계신다.

He saddles the whole earth in his palms.

그는 계절과 비를 주관하신다.

He decrees the seasons and the rains.

그는 바람의 길은 정하신다.

He fashions the path of the winds.

바람이 그에게 순종한다.

The winds obey Him.

바다가 그의 말을 듣는다.

The seas heed Him.

천사들이 그에게 경배한다.

The angels salute Him.

성도들이 그를 예배한다.

The saints worship Him.

마귀가 그를 두려워한다.

The devil fears Him.

하늘이 그를 찬양한다.

The Heavens adore Him.

그는 아버지의 아들이시다.

He is the son of the Father.

그는 존귀하신 분이시오 기름부음 받은 자이시다.

The exalted and anointed one,

그는 십자가에 못 박혀 죽으셨고 살아나신 왕이시다.

The crucified and risen King,

그는 정복될 수 없는 정복자이시다.

The unconquerable conqueror.

그는 영원의 챔피언이시다.

He is the Champion of eternity.

그는 챔피언중의 챔피언이시다.

He is the Champion of Champions.

그는 나의 챔피언이시다.

He is my Champion.

그의 손은 놀라울 정도로 아름답지만,

His hands are wondrously beautiful,

유일한 흠이 하나 있다.

Without blemish save one,

그것은 갈보리의 못 자국이다.

The scars of the nails of Calvary.

그는 보좌에 앉으셨다.

Seated upon the throne,

그는 꽉 쥔 그의 주먹을 펴서,

He opens His clenched fist,

한 그림을 보신다.

And beholds a picture.

그는 그의 손바닥에 새겨진 당신과 나의 그림을 보시고,

He smiles at the picture of you and me,

그는 웃으신다.

Engraved in the palm of His hand.

예수님 때문에 하나님께 찬양을 돌린다.

Praise GOD for Jesus.

편저자 번역

"Wherefore I give you to understand, that no man speaking by the Spirit of God calleth Jesus accursed: and that no man can say that Jesus is the Lord, but by the Holy Ghost." -1 Corinthians 12:3

(forwarded by The Friendship Society)

SATAN'S MEETING

Satan called a worldwide convention of demons.

In his opening address he said,

"We can't keep Christians from going to church."

"We can't keep them from reading their Bibles and knowing the truth."

"We can't even keep them from forming an intimate relationship with their Saviour."

"Once they gain that connection with Jesus, our power over them is broken."

"So let them go to their churches; let them have their covered dish dinners,

BUT steal their time, so they don't have time to develop a relationship with Jesus Christ."

"This is what I want you to do," said the devil:

"Distract them from gaining hold of their Saviour and maintaining that vital connection throughout their day!"

"How shall we do this?" his demons shouted.

"Keep them busy in the non-essentials of life and invent innumerable schemes to occupy their minds," he answered.

"Tempt them to spend, spend, spend, and borrow, borrow, borrow."

"Persuade the wives to go to work for long hours and the husbands to work 6~7days each week, 10~12hours a day, so they can afford their empty lifestyles."

"Keep them from spending time with their children."

"As their families fragment, soon, their homes will offer no escape from the pressures of work!"

"Over-stimulate their minds so that they cannot hear that still, small voice."

"Entice them to play the radio or cassette player whenever they drive." To keep the TV, VCR, CDs and their PCs going constantly in their home and see to it that every store and restaurant in the world plays non-biblical music constantly.

"This will jam their minds and break that union with Christ."

"Fill the coffee tables with magazines and newspapers."

"Pound their minds with the news 24hours a day."

"Invade their driving moments with billboards."

"Flood their mailboxes with junk mail, mail order catalogs, sweepstakes, and every kind of newsletter and promotional offering free products, services and false hopes."

"Keep skinny, beautiful models on the magazines and TV so their husbands will believe that outward beauty is what's important, and they'll become dissatisfied with their wives."

"Keep the wives too tired to love their husbands at night."

"Give them headaches too!"

"If they don't give their husbands the love they need, they will begin to look elsewhere."

"That will fragment their families quickly!"

"Give them Santa Claus to distract them from teaching their children the real meaning of Christmas."

"Give them an Easter bunny so they won't talk about his resurrection and power over sin and death."

"Even in their recreation, let them be excessive."

"Have them return from their recreation exhausted."

"Keep them too busy to go out in nature and reflect on God's creation. Send them to amusement parks, sporting events, plays, concerts, and movies instead."

"Keep them busy, busy, busy!"

"And when they meet for spiritual fellowship, involve them in gossip and small talk so that they leave with troubled consciences."

"Crowd their lives with so many good causes they have no time to seek power from Jesus."

"Soon they will be working in their own strength, sacrificing their health and family for the good of the cause."

"It will work!"

"It will work!"

It was quite a plan!

The demons went eagerly to their assignments causing Christians everywhere to get busier and more rushed, going here and there.

Having little time for their God or their families.

Having no time to tell others about the power of Jesus to change lives.

I guess the question is, has the devil been successful in his schemes?

You be the judge!!!!!

Does “BUSY” mean: B-eing U-nder S-atan's Y-oke?

Please pass this on, if you aren't too BUSY!

I don't think I know 10 people who would admit they love Jesus.

Do You Love Him?

CRABBY OLD MAN

When an old man died in the geriatric ward of a small hospital near Tampa, Florida, it was believed that he had nothing left of any value. Later, when the nurses were going through his meager possessions, They found this poem. Its quality and content so impressed the staff that copies were made and distributed to every nurse in the hospital. One nurse took her copy to Missouri. The old man's sole bequest to posterity has since appeared in the Christmas edition of the News Magazine of the St. Louis Association for Mental Health. A slide presentation has also been made based on his simple, but eloquent, poem.

And this little old man, with nothing left to give to the world, is now the author of this "anonymous" poem winging across the Internet.

"Crabby Old Man"

What do you see nurses? ··· What do you see?
What are you thinking ··· when you're looking at me?

A crabby old man, ··· not very wise,
Uncertain of habit ··· with faraway eyes?

Who dribbles his food ··· and makes no reply.
When you say in a loud voice ··· "I do wish you'd try!"
Who seems not to notice ··· the things that you do.
And forever is losing ··· A sock or shoe?

Who, resisting or not ··· lets you do as you will,
With bathing and feeding ··· The long day to fill?
Is that what you're thinking? Is that what you see?
Then open your eyes, nurse ··· you're not looking at me.

I'll tell you who I am ··· As I sit here so still,
As I do at your bidding, ··· as I eat at your will.
I'm a small child of Ten ··· with a father and mother,
Brothers and sisters ··· who love one another

A young boy of Sixteen ··· with wings on his feet
Dreaming that soon now. ··· a lover he'll meet.
A groom soon at Twenty ··· my heart gives a leap.
Remembering, the vows ··· that I promised to keep.

At Twenty-Five, now … I have young of my own.
Who need me to guide … And a secure happy home.
A man of Thirty … My young now grown fast,
Bound to each other … With ties that should last.

At Forty, my young sons … have grown and are gone,
But my woman's beside me … to see I don't mourn.
At Fifty, once more, … Babies play 'round my knee,
Again, we know children … My loved one and me.

Dark days are upon me … My wife is now dead.
I look at the future … I shudder with dread.
For my young are all rearing … young of their own.
And I think of the years … And the love that I've known.

I'm now an old man … and nature is cruel.
Tis jest to make old age … look like a fool.
The body, it crumbles … grace and vigor, depart.
There is now a stone … where I once had a heart.

But inside this old carcass ...... A young guy still dwells,

And now and again ··· my battered heart swells
I remember the joys ··· I remember the pain.
And I'm loving and living ··· life over again.

I think of the years, all too few ··· gone too fast.
And accept the stark fact ··· that nothing can last.
So open your eyes, people ··· open and see.
Not a crabby old man. Look closer ··· see ··· ME!!

Remember this poem when you next meet an older person who you might brush aside without looking at the young soul within ··· we will all, one day, be there, too!

PLEASE SHARE THIS POEM

The best and most beautiful things of this world can't be seen or touched. They must be felt by the heart.

God Bless.

부모가 자녀에게 주어야할 7가지 인생의 선물

첫 번째 선물 - 존경심

존경심은 숭고한 마음의 작용으로 사람을 도에서 벗어나지 않게 하며, 올바른 길을 걷게 만든다. 누구나 인생에서 그 사람만이 할 수 있는 역할을 가지고 태어난다. 그러므로 자신도 다른 사람도 매우 소중한 존재라는 것을 깨닫게 해주자.

두 번째 선물 - 인내심

인간의 욕망은 끝이 없다.

욕망을 억제하는 법을 모르는 사람은 작은 실패에도 쉽게 좌절하게 마련이다. 자녀에게 자기중심적인 생각을 버리고 자신을 억제하는 법을 가르쳐라.

세 번째 선물 - 사랑

사랑하는 마음을 진솔하게 전해 주는 것이 자녀교육의 기본이다. 부모가 따뜻한 사랑을 충분히 주고부모 자식간의 신뢰 관계가 확고하다면 자녀교육의 절반은 성공한 것이다.

네 번째 선물 - 의욕
자녀가 스스로 하고 싶다는 생각이 들도록 분위기를 연출하자. 부모 스스로 즐겁게 하고 있는 모습을 보여줌으로써 자녀에게도 스스로 하고자 하는 마음을 불러일으키라.

다섯 번째 선물 - 개성
아이들은 모두 잘 갈고 닦으면 빛을 내는 보석과 같다. 그 아이만의 좋은 개성은 부모만이 잘 살릴 수 있다. 자녀의 개성을 이해하고 그 개성을 살릴 수 있는 환경을 만들어 주자.

여섯 번째 선물 - 배움
어릴 때부터 자신의 인생관을 갖도록 조언해주자. 높은 이상은 배움에서부터 시작된다는 것을 이해시키고 새로운 것을 알아가고 도전하는 것에 신선한 즐거움을 느낄 수 있도록 이끌어주라.

일곱 번째 선물 - 꿈
자녀의 눈높이에서 세상을 바라보라. 자녀를 있는 그대로 인정하고 무슨 일이든 열심히 한다면 칭찬해주자. 그것이 자녀의 꿈과 마음을 키워주는 가장 훌륭한 방법이다.

Rome, Georgia에 거주하는 Grace Oh 제공

Simple Good vs Structural Evil

In Romans 12:6-10 the Apostle Paul advocates simple good. I might paraphrase his thought this way: “It doesn't matter what your gift is. It could be prophecy, it could be service, it could be the ability to teach and motivate, or to give with generosity, to lead with wisdom, to show mercy with joy. Whatever the gift,” Paul says, “let each of us through faith in God put it into action.”

The darkness of the culture of death is dark indeed. At times I wonder how much simple choices really matter. This is especially the case when I compare the rare and slight moments of progress on behalf of life to the seemingly immovable massive monolith, the political-cultural-institutional stronghold that is in place today against life's sanctity. Do our small actions, our simple gifts, our unnoticed leadership, our generosity, our votes, our presence at services and meetings, our policy proposals, our halting words of explanation, our attempted answers to perplexing questions-do these things really make a difference?

"Yes," the Apostle Paul would answer stirringly, "small and simple god is God's way against structural evil." Paul in Romans and elsewhere in his letters writes about "powers," "principalities," "dominions," and "thrones": in other words, about evil in high places, evil resident in social structures and human institutions and, mysteriously, spiritual realms. He had divine insight into evil's stronghold on societies and cultures-and yet he counsels time and again toward small, faith-filled, seemingly unnoticed, simple choices.

Matthew P. Ristuccia
World Magazine, May 3/10, 2008

아이와 노인의 관계

"아이는 노인에게 이상적 미래이며 노인은 아이에게 실현된 과거이다"

"노인은 하나님께서 쌓아 두신 보물 창고이다."

2008년 5월 11일 오전 11:30분 예배 설교 중
이유환 목사

과거와 미래의 차이

과거는 기억이고 미래는 기대이다.

전폭적인 의존이 일을 쉽게 만든다.

지난 1960년대 초에 필자가 광화문에 소재한 중앙전신국(현 한국통신공사)에 근무할 때의 일이다. 일 년에 일차씩 전국에 있는 체신공무원의 기량 시합이 열리곤 했다. 그때 편지를 분류하는 직원은 5분에 몇 통의 편지를 분류하는지 시험을 받고, 일부인 찍는 사람은 1분에 몇 통의 일부인을 찍을 수 있는지 테스트를 받는다. 그리고 통신을 하는 사람은 5분에 편지를 국문과 영문으로 나누어 얼마나 정확하게, 얼마나 빨리 보내는지 시합을 한다. 그때 필자가 전국대회의 통신부분 영문 송신에서 2등으로 입상한 사실을 기억한다.

전화 가설에 종사한 직원들은 전신주 기어오르는 시합을 한다. 모든 참여자가 전신주를 기어올라 전기선을 잘 연결하고 빨리 내려오는 시합이다. 그런데 전신주를 기어오를 때 잘 기어오를 수 있는 기술이 있다. 몸을 전신주에 가까이해서 기어오르면 밑으로 미끄러져 내리곤 한다. 그러나 몸과 전신주를 감고 있는 넓은 가죽 띠에 자신의 몸 전체를 완전히 의지하고 신발 밑에 있는 못을 전신주에 각도를 두어 박으면서 전신주를 기어오르면 아주 쉽게 기어오를 수 있다. 자신의 힘으로 전신주를 기어오르려고 하면 번 번히 실패하지만, 넓은 가죽 띠에 자신을 전폭적으로 의지하여 기어오르면 쉽게 오를 수 있다. 성도들이 일상생활을 위해 주님께 전폭적으로 의존하면 삶이 즐겁지만 자신의 힘으로 살려고 노력하면 더 힘들어진다.

편저자 박형용

상대적인 인간

사람들은 상대적으로 생각하면서 산다. 대부분의 직장인들에게 다음과 같은 질문을 던지면 재미있는 대답이 나온다. “다른 동료는 모두 백만원 받는데 당신은 이백만원 받으시겠습니까? 아니면 다른 동료는 이백만원 받는데 당신은 이백오십만원 받으시겠습니까?” 이 질문을 받은 대부분의 직장인들은 이백오십만원이 절대적으로 더 많은 금액이지만 다른 동료들은 일백만원 받고 자신은 이백만원 받기를 원한다고 답한다. 이처럼 인간들은 상대적으로 자신이 다른 사람보다 더 크게 차이가 나기를 원한다.

KBS 라디오 프로그램에서
성균관대 가정의학과 교수 증언
2007년 3월 18일

디지털 인재 5대 덕목

1. 기본에 충실하라- Stick to Basic.
2. 항상 준비하라-Always Ready.
3. 열정과 도전의식을 가져라-Be Ambitious.
4. 글로벌 감각을 지녀라-Be Global.
5. 무엇을 하든 즐겁게 하라-Make it Fun.

정병철 전경련 부회장
동아일보 2008년 9월 18일

오프라 윈프리 십계명

1. 남들의 호감을 얻으려 애쓰지 말라.
2. 앞으로 나아가기 위해 외적인 것에 의존하지 말라
3. 일과 삶이 최대한 조화를 이루도록 노력하라.
4. 주변에 험담하는 사람을 멀리하라.
5. 다른 사람들에게 친절 하라.
6. 중독된 것들을 끊어라.
7. 당신에 버금가는 혹은 당신보다 나은 사람들로 주위를 채워라.
8. 돈 때문에 하는 일이 아니라면 돈 생각은 아예 잊어라.
9. 당신의 권한을 다른 사람에게 넘겨주지 말라.
10. 포기하지 말라.

목회 성공의 비결

젊은 목사가 어르신 목사님에게 "어떻게 하면 목회를 성공할 수 있습니까?"라고 질문을 했다. 그 질문을 받은 어르신 목사님이 그 젊은 목사를 무덤으로 데리고 갔다. 젊은 목사가 목회 성공 비결을 물었는데 어찌하여 무덤으로 인도하셨습니까? 라고 묻자, 어르신 목사님이 젊은 목사에게 앞에 있는 무덤을 향해 칭찬도 하고 욕도 해 보라고 하셨다. 젊은 목사가 무덤을 향해 칭찬도하고 욕도 했지만 무덤은 아무 반응이 없었다. 어르신 목사님은 무덤이 아무 반응을 보이지 않자, 젊은 목사에게 목회의 성공을 하려면 "무덤처럼 하라"고 하셨다.

서울성경신학대학원대학교 경건회
설교의 말씀 중에서
문광식 목사(호주 아들레이드 교회)
2008년 9월 19일(금)

아파트에서 건강하게 사는 법

1. 베이크 아웃(bake out)은 '태워버린다'는 뜻으로 빈 집
 에 난방 시스템을 한껏 가동시켜

가구나 벽지, 바닥재 등에 숨어있는 유해 물질을 배출시키는 것을 의미한다.

먼저 외부와 통하는 모든 창문과 문을 닫고, 실내 모든 가구의 문과 서랍을 연다. 그 다음 난방 시스템을 가동시켜 10시간 동안 35~40℃를 유지한 뒤 모든 문과 창문을 열어 1~2시간가량 환기시킨다. 입주하기 전에 실시하는 것은 물론이고, 평소에도 주말을 이용해 베이크 아웃을 실시하는 것이 좋다.

2. 가장 값이 싸고 확실한 공기 정화기는 바로 숯이다.

실내 곳곳에 숯을 놓아두면 공기 중 유해 성분과 불쾌한 냄새를 제거할 수 있다. 숯의 정화 효과를 제대로 보려면 공간 1평당 약 1~3kg이 적당하다. 숯을 구입하면 먼저 흐르는 물에 여러 번 흔들어 씻어 먼지와 불순물을 제거한 다음 햇빛에 바싹 말려 집 안 곳곳에 둔다. 종이로 감싸지 말고 그대로 사용할 것. 6개월이나 1년에 한 번 정도 이러한 방식으로 씻어 말린 다음 재사용한다.

3. 바깥 공해가 걱정되어 창문을 잘 열지 않는 경우가 있는데 이는 한참 잘못된 상식이다.

환기를 시키지 않는 실내 공기는 외부 공기보다 오염도가 훨씬 높다. 하루 세 번, 한 번에 30분 정도씩은 집안 곳곳의 창을 모두 열어젖히고 환기를 시켜야 한다. 되도록 오염된 대기가 낮게 깔리는 이른 아침 시간이나 늦은 저녁 시간대를 피해 오전 10시부터 오후 8~9시 사이에 나누어 실시한다. 통풍이 잘 안 되는 아파트 실내에서는 패브릭이 아토피와 천식의 주범인 집 먼지 진드기의 좋은 서식지가 된다. 정전기가 잘 일거나 세탁하기 어려운 패브릭 소재의 소품이나 가구는 되도록 줄인다. 커튼은 세탁이 간편한 기본형이나 롤 스크린, 버티컬 블라인드 종류를 권한다. 카펫은 꼭 깔아야 한다면 세탁을 자주할 수 있는 면 소재 러그로 교체한다. 러그 뒷면에 담요를 덧대면 밀리지도 않고 청소하기 쉽다. 소파는 패브릭 소재보다 가죽 제품을 사용하거나 아예 사용하지 않는다.

4. 삭막한 콘크리트 아파트에 생기를 불어넣어주는 작은 식물들이 주목받고 있다.

식물의 광합성 과정이 유해 물질을 제거하고 공기를 맑게 해주기 때문이다. 뿐만 아니다. 습도 조절, 실내 온도 조절, 스트레스 해소, 소음 차단, 전자파와 오존 흡수

등 식물은 한마디로 콘크리트 아파트의 여러 단점을 한번에 해결해주는 소중한 존재다. 다만 예쁜 꽃을 피우는 화초도 좋지만 공기 정화 식물을 키울 것을 권한다. 관엽식물과 선인장을 함께 키우는 것이 가장 이상적.

5. 화분은 다음과 같이 배치하도록 한다.

현관에는 잡냄새를 없애주는 벤자민 고무나무를, 거실에는 벤자민 고무나무나 스킨답서스, 파키라, 담배 냄새를 없애주는 네프롤레피스를 놓는다. TV 옆에는 전자파를 차단하고 음이온을 발생시키는 산세비에리아가 좋다. 주방에는 벤자민 고무나무나 스파티필룸, 거베라를 놓아두고, 침실에는 음이온이 많이 발생하는 산세비에리아나 담배 냄새를 없애주는 네프롤레피스를 배치하도록 한다. 컴퓨터나 사무기 주변에는 행운목이나 선인장류, 산세비에리아가 좋으며, 욕실에는 암모니아를 제거해주는 관음죽이나 국화, 싱고니움을 두는 것이 좋다.

6. 가스레인지나 보일러를 켤 때 발생하는 연소 가스는 실내 공기 오염의 주범이다.

부엌일을 하다 보면 쉽게 피곤해지는 것은 이 때문이다. 조리를 할 때는 반드시 창을 열고 레인지 후드를 켜는 습관을 들이자. 새집증후군의 만만치 않은 주범인 새

가구는 되도록 집안에 들여놓지 않는 것이 상책. 차선책으로 가구 매장에서 오랜 기간 전시되었던 전시용 가구를 구입하는 방법이 있다.

7. 부득이 새 가구를 들여놓아야 할 때는 당분간 바람이 잘 통하는 곳에서 유해 물질을 휘발시킨 다음 사용한다.

한편 아파트에 설치된 붙박이장은 입주할 때 베이크아웃을 실시하고, 시기를 놓쳤다면 대신 붙박이장 안에 참숯이나 양파를 넣어두도록 한다.

8. 욕실 환풍기는 습기에 젖은 먼지로 입구가 막히기 쉽다.

한 달에 한 번 욕실의 환풍기를 청소해 습기나 냄새를 제대로 빨아들일 수 있게 한다. 또한 보다 쾌적한 욕실을 위해 방향제보다 숯이나 공기 정화 식물을 놓아두도록 한다.

9. 개미나 바퀴벌레를 살충제로 잡는 것은 한번쯤 생각해봐야 한다.

살충제는 사람에게도 해롭기는 마찬가지기 때문이다. 살충제 대신 개미나 바퀴벌레가 출몰하는 곳에 은행잎이나 박하를 놓아두면 불쾌한 살충제 냄새를 피우지 않고도 손쉽게 퇴치할 수 있다.

머리를 숙이시오

어느 날 벤저민 프랭클린이 이웃 노인 댁에 갔다.

방문이 끝난 후, 노인이 집 밖으로 나가는 지름길을 가르쳐 주었다.

그런데 지름길 중간쯤에 천장보다 낮은 들보가 있었다.

노인은 프랭클린이 머리를 부딪힐까봐 주의를 주었다.

"머리를 숙이시오! 머리를 숙이시오!"

그러나 들보를 미처 보지 못한 벤저민 프랭클린은

'저 노인이 왜 저러나' 하고 생각하는 사이에 머리를 부딪히고 말았다.

그러자 노인이 말했다.

"이보게나 젊은이, 이 세상을 살아가면서 머리를 자주 숙이면 숙일수록 그만큼 부딪히는 일이 없을 걸세."

벤저민 프랭클린은 그 말을 평생 잊지 않았다고 합니다.

내 삶의 열정을 채워주는 성공학 사전(조원기 엮음)에 나오는 이야기입니다.

겸손함을 잃지 않는 사람만이 더 높은 곳을 향해 나아갈 수 있습니다.

조영탁 제공

청소년들이 데이트 할 때 유의 사항

1. 왜 틴 에이즈(Teen Age) 시기가 어려운가?

(1) 성숙기라는 말은 현대가 사용한 용어이다. 1800년대는 인생의 시기를 어린이 시기와 어른 시기로 두 구분하여 사용했다. 14세의 아이는 아버지의 농장에서 일하여 얼마 후에 자신의 일터를 만들고 13~16세 사이의 소녀와 결혼하여 생활할 것을 기대했다. 소년의 나이는 이 시기에 대략 17~19세 였다.

(2) 1800년대 중엽에 사춘기(puberty)가 15.5-16.5세 사이에 일어난 것으로 이해했다. 오늘날은 영양 공급이 좋아서 사춘기의 평균 연령이 12.5세로 하향 되었다.

(3) 사춘기의 나이는 낮아졌지만 평균 결혼 연령은 늦어졌다. 1800년대는 평균으로 남자가 17세이고 여자가 14세인 반면, 1900년대는 남자가 27세이고 여자는 25세이다. 그리고 현재는 그 보다 훨씬 더 늦어졌다.

2. 기독교인 부모들이 자녀들의 데이트를 어떻게 생각해야 하는가?

(1) 이 질문에 대한 쉬운 대답이 없다. 각 가정에서 이 문제에 대해 결단을 해야 하지만 부모가 고려해야 할 세 가지는 첫째, 데이트에 대한 우리들의 신념 즉 몇 살부터 허용하며 어떤 범위까지 어용할 것인가가 문제이다. 둘째, 부모가 자신의 10대 자녀를 믿는가 하는 문제이다. 셋째, 어떻게 자녀와 의사소통을 하느냐가 문제이다.

(2) 10대의 자녀의 정직성과 부모의 원칙을 순종하느냐가 부모가 자녀를 믿는 척도가 된다. 자녀가 하려고 하는 일에 관해 부모에게 말할 수 없는 일이라면 그 일은 거의 분명히 하지 않아야 할 일이다.

3. 부모의 허락 하에 자녀가 어떻게 데이트를 해야 하는 가데이트의 대상은 평생 함께 멍에를 같이 메고 갈 사람을 찾아야 한다. 농부는 한 멍에에 한 쪽은 말을 다른 쪽은 소를 묶어 밭을 갈지 않는다. 그렇게 되면 결과가 전혀 없다. 말은 발이 길기 때문에 걸음의 속도를 자기가 조종하려한다. 반면 소는 발이 짧기 때문에 말의 보조를 맞추지 못하고 결국은 원의 형태로 밭갈이를 할 뿐이다. 그렇게 되면 혼란이 초래된다. 그러므로

데이트 할 때 다음의 사항을 함께 멍에를 멜 수 있어야 한다.

(1) 영적인 면에서 서로 멍에를 같이 메어야 한다. (Spiritually)(고후 6:14-18)
이 뜻은 신자의 데이트 대상으로 불신자는 제외된다는 것이다. 당신은 구원을 받은 성도이고 상대방은 불신자일 경우는 데이트의 결과 심각한 문제가 뒤 따를 수 있다. 이 간극은 개심(conversion)이라는 방법이외의 다른 방법으로 메울 수 없다. 전도한다는 이유로 불신자와 데이트하는 것은 하나님이 원하시는 복음 전도가 아니다. 전도한다는 이유로 데이트를 하면 결국 신자를 마음에 상처를 입고 헤어지게 되고 불신자는 기독교에 대해 잘못된 인상을 갖게 된다. 당신이 만약 불신자의 방법으로 데이트를 하게 되면 결국 당신은 불신자와 결혼을 하게 되고 평생 후회하며 살게 될 것이다.

(2) 불신자와 데이트를 하게 되면 다음과 같은 영적 퇴행이 발생하게 된다.
*사단은 매력적인 상대만을 고르게 한다.
*결국 매력에 항복하고 데이트를 시작하게 된다.
이 경우 상대방과 영적인 부분에 공감대를 가질

수 없기 때문에 결국 상대방의 육체적 매력과 감정적인 부분에 이끌리게 된다.

*결국 사랑에 빠지게 된다. 사랑에 홀딱 빠졌다고 하는 것이 옳다.

*결국 상대방을 택해야 하나, 하나님을 택해야 하나를 결정해야하는 시점에 도달한다. 하나님을 택하면 상대방을 잃을 것이기 때문에 마음에 깊은 상처를 입을 것이요, 상대방을 택하면 하나님 보다 상대방을 더 귀하게 여기는 형국이 되어 당신의 영적인 부분에 큰 손해를 입게 될 것이다. 상대방을 택하면 당신의 영적인 상태는 급속히 퇴락할 것이다(왕상 11:4).

(3) 신자와 데이트 할 경우도 영적인 삶의 방향이 근접해야 좋다. 다시 멍에의 이야기로 설명하면 농부는 결코 황소와 송아지를 함께 멍에를 메게 하지 않는다. 데이트 할 때 "색다른"(exotic) 관계를 추구하지 말아야 한다. 상대방이 자신과 다르기 때문에 끌린다든지 하는 것은 위험이 뒤 따른다. 그렇다고 인종을 넘어서 사회 계층을 넘어서 데이트 하는 것이 잘못이라는 뜻은 아니다. 청소년 시기의 데이트는 자신과 약 2-3세 차이가 좋다. 나이가 들어 가면서 나이 차이가 더 넓어 질수 있다. 그러나 고등학생

의 경우는 더 나이 차이가 근접한 대상과 데이트 하는 것이 좋다.

4. 데이트 할 때 행동의 한계는 어디까지인가?

(1) 육체적인 한계

*상대방의 목에서부터 무릎 까지는 만지지 말아야 한다.

*키스는 짧게 하여야 한다. 긴 키스는 문제를 발생하게 한다.

*상대방 옆에나 위에 누워서는 안 된다.

*방에서나 아무도 없는 집에서 두 사람만 함께 있는 것은 좋지 않다. 시험이 뒤 따를 가능성이 있고 또 보기도 좋지 않고 나쁜 평판을 갖게 된다.

(2) 감정적인 한계

사랑(L word) 이라는 표현은 상대방과 결혼할 확신이 설 때 까지 쉽게 사용하는 것은 옳지 않다.

(3) 영적인 한계

두 사람은 결혼을 약속한 확실한 관계로 발전하기 전까지는 두 사람만 따로 성경 공부하는 것은 금해야 한다. 그리고 두 사람이 결혼하기 전까지 이런 관계도 비록 성경 공부이지만 최소하게 해야 한다.

5. 누가 한계를 지키는데 책임이 있는가?

데이트하는 두 사람 모두에게 책임이 있다. 남자는 여자를 타협하는 위치에 처하게 해서는 안 된다. 왜냐하면 그 여자가 남자의 소유가 아니기 때문이다. 남자가 어떤 성적인 행동을 취하는 것은 성적 범죄를 행하는 것이다. 성경은 이 부분에 대해 명확하게 설명한다(고전 6:18-20; 엡 5:3; 히 13:4).

당신은 당신의 소유가 아닌 것을 취하려 하고 있다. 본질적으로 당신은 젊은 여인으로부터 도적질을 하고 있을 뿐만 아니라 그 여인이 미래에 결혼할 남자로부터도 도적질을 하고 있는 것이다.

여자는 옷을 입는 부분도 조심해야 한다. 그리고 남자들이 충동을 일으키지 않도록 조심해야 한다. 소녀들은 기독교 덕목을 생각하고 죄에 빠지지 않도록 조심해야 한다.

6. 실제적 제안들

(1) 부모와 10대 자녀들이 마땅히 대화의 문을 열어 놓고 있어야 한다. 부모는 자녀가 데이트하는데 대해 자녀들이 평안을 느낄 수 있도록 자녀를 신뢰해야 한다. 신뢰는 상대방을 평안하게 만든다. 10대 자녀들은 책망을 두려워하지 않고 부모와 솔직하게

이야기 할 수 있어야 한다.

(2) 데이트 상대는 서로 대화의 문을 열어 놓아야 한다.

(3) 데이트 하는 사람은 상대방의 부모를 알 필요가 있다.

(4) 아버지는 딸이 아름답다는 사실을 딸에게 이야기 해주어야 하고 얼마나 사랑하고 있는지도 이야기 해주어야 한다. 10대 청소년이 부모로부터 사랑받고 있다고 부모로부터 듣지 않으면 그 말을 다른 사람으로부터 듣기 위해 찾아 나설 것이다.

다산 정약용의 교훈

다산 정약용(1762~1836)은 한국에 복음이 들어오기 전에 살았던 한국이 낳은 지도자이다. 그는 목민심서(牧民心書)에서 "목자(牧者)는 백성을 위해 존재한다."고 말했다. 기독교 교회에서 "목사는 성도들을 위해 봉사한다."는 말과 상통한다. 비록 정약용이 그리스도의 복음은 알지 못했지만 그는 사람과 삶과 사회와 국가를 알았다고 할 수 있다. 다산이 가르친 공직자의 윤리는 우리에게도 시사하는 바가 크다.

첫째, 자신의 능력과 분수를 알고 처신해야한다.
둘째, 청렴결백한 생활을 해야 한다.
셋째, 공직자는 술을 끊고, 여색을 물리치고, 거칠고 방탕한 생활을 해서는 안 된다는 삼금론(三禁論)을 가르쳤다.
넷째, 뇌물은 절대로 받지 말라. 왜냐하면 하나님이 알고, 귀신이 알고, 내가 알고, 상대가 안다는 사지론(四知論: 천지(天知); 신지(神知); 아지(我知); 자지(子知)을 가르친다.
다섯째, 공직자는 의를 두려워하고(외의:畏義), 법을 두려워하고(외법:畏法), 상관을 두려워 하고(외상관:畏上

官), 백성을 두려워해야한다(외소민:畏小民).

여섯째, 공직자는 자신의 가족을 잘 다스려야한다(제가:齊家).

일곱째, 공직자는 소신(所信)을 가지고 봉사해야 한다.

여덟째, 공직자는 애민(愛民)의 정신으로 봉사해야 한다.

아홉째, 공직자는 말을 신중하게 해야 한다.

열째, 공직자는 스스로 법을 잘 지켜야 한다(준법(遵法).

다상의 열 가지 교훈을 보면서 "공직자"대신 "목사 혹은 기독교 지도자"를 그 자리에 넣으면 우리에게 큰 교훈이 된다.

편저자 박형용 제공

(김상홍의 "다산학의 신조명" (단국대출판부) 참조)

웃음의 바다

웃음과 봉급

아침에 웃으며 하루를 시작하는 사람은 그렇지 않은 다른 사람에 비해 연봉이 20%가 더 많다. (미국)

사단도 원하는 사람

사단도 열심이 없는 사람은 쓰기를 원치 않는다.
인도네시아 인도가 넷이야.
이리안자야- 이리안자야
(원래의 뜻, Great Naked People)

김연수(합신 선교주간, 2005, 4, 14)

“아내가 무서울 때”

30대 아내가 인상 쓸 때

40대 아내가 곰국을 끓일 때

50대 이사 갈 때(그냥 놔두고 갈까봐)

60대 아내와 같이 여행갈 때(같이 갔다가 자신을 떼어 놓고 혼자 올지 몰라서)

오늘날 가정에서 남편(아버지)이 자기의 위치를 잃었다. 어느 날 아내가 외출을 하면서 남편에게 집을 잘 보고 있으라고 했다. 그런데 아내가 나간 후에 냉장고 앞을 보니 큰 글씨로 “까불지마”라고 쓰인 쪽지가 붙어 있었다. 자세히 보니 그 옆에 작은 글씨로 다음과 같은 설명이 붙어 있었다.

까-까스 조심해!

불-불 조심해!

지-지퍼(zipper) 조심해!

마-마누라만 생각해!

마사지와 마쓰지

2002년 연태에서 연태의 한인 목회자의 임직식이 끝나고 호텔(Hotel)에서 숙박을 하는데 방에 전화가 걸려왔다. 여덟 명의 목사가 그 방에 있었는데 마침 중국어를 잘못하는 목사가 전화를 받았다. 그리고 전화 받은 목사가 OK, OK 했다. 전화 받은 목사의 운전기사가 마씨 성을 가졌다. 그런데 쓰지(司枝)가 중국말로 기사이다. 전화 받은 목사가 전화하는 사람이 식당종업원이 "마쓰지"라고 해서 기사가 식사하러 가는 줄 알고 OK, OK 했다. 그런데 얼마 있다가 "마사지"하는 여인이 호텔 방에 나타나서 모두 놀랐는데 더 놀란 사람은 "마사지"하는 여인이었다. 그 이유는 방에 8사람의 남자가 있었기 때문이다.

(졸구) 중국 왕징에서
2005.4.10(주일) 김무종

목회자가 조심해야 할 3G

1) Glory(명예)
2) Girl(여자)
3) Gold(돈)

감동 없는 설교와 과부의 공통점

둘 사이의 공통점은 양쪽 모두 "영감"이 없다는 것이다.

나이와 평준

50세 - 미의 평준
60세 - 지식의 평준
70세 - 부의 평준
80세 - 사나마나

아틀란타 한인 장로교회

하와와 시어머니

하와가 왜 오래 살 수 있었는지 아는가?
그것은 하와에게 시어머니가 없었기 때문이다.

바울의 목회 성공 비결

바울이 왜 목회할 때 성공했는지 아는가?
그 이유는 원로 목사가 없었기 때문이다.

마도로스의 기원
(non-sense)

아들이 선원이 되려고 하니 아버지가 "마 도랐어"라고 해서 "마도로스"가 되었단다.

웃음 마당(Laughters)

20불 대 1 불($20 vs $1)

1불 지폐가 20불 지폐에게 말한다. “너 어디 갔다 왔니?” 20불 지폐가 말하기를 “나는 라스 베가스, 큰 은행, 아주 좋은 백화점, 훌륭한 크루스 선박, 그리고 큰 파티에 갔다 왔어.” 그러고 20불 지폐가 1불 지폐에게 말한다. “너는 어디 갔다 왔니?” 1불 지폐가 말하기를 “글세, 나는 교회, 교회, 교회에 갔다 왔어.”

($1 says to $20, “where have you been?” $20 says that “I went to Las Vegas, Big banks, nice department stores, wonderful cruise boats, and big parties.” Then $20 bill says to $1, “where have you been?” $1 bill says, “well, church, church, church.”)

주일학교 선생과 주일 학생

(Sunday school teacher and a girl)

주일학교 선생님이 "오늘 우리는 여러분의 마음에 생각하고 있는 것을 그릴 것이다."라고 말했다. 선생님이 여자 아이 옆으로 지나가면서, "너는 무엇을 그리고 있느냐?"라고 묻자, 그 여자 아니는 "나는 지금 하나님을 그리고 있어요."라고 대답했다. 선생님이 "아무도 하나님이 어떻게 생긴 것을 알지 못한다."라고 말하자, 그 여자 아이는 "글쎄요, 잠시만 기다리면 모두 알 거에요." 라고 답했다.

(Sunday school teacher says, "today we are going to draw what is in your mind." As the teacher passes by a girl, the teacher asks, "what are you drawing?" The girl responds to the teacher by saying, "I am drawing God." The teacher says, "no one knows what God looks like." The girl says, "well, they will know in a minute.")

편저자 박형용 번역

예술가의 재치

(Artist)

모델: 빛이 너무 강해요. 이 의자는 너무 딱딱해요.
나는 이 옷이 지긋지긋해요.
내 머리는 엉망이에요.
내 립스틱은 잘못된 색깔이에요.
예술가: 당신의 이름이 무엇이지요?
모델: "리사"입니다.
그래서 그 미술가는 그 작품을 "모너리사"
(불평하는 리사) 라고 명명했다.

(Model: The light's too strong.
This chair is too hard.
I can't stand this dress. My hair's a mess.
My lipstick is the wrong color.
Artist: What is your name?
Model: Lisa.
So the painter called the work
"The Moaner Lisa.")

감 기
(Cold)

따뜻한 것과 차가운 것 중에 어느 것이 더 빨리 움직이는가? 그것은 물론 따뜻한 것(열)이지. 왜냐하면 네가 감기(cold)는 잡을 수(걸릴 수)가 있으니까.

(Q. Which travels faster-heat or cold?
A. Heat....Because you can catch cold.)

좋은 소식과 나쁜 소식(1)
(Good News and Bad News)(1)

의사: 당신은 좋은 소식과 나쁜 소식 중 어느 것을 먼저 듣기 원하십니까?

환자: 좋은 소식을 먼저 말씀하십시오.

의사: 당신의 삶은 삼 주 밖에 남지 않았습니다.

환자: 그것이 좋은 소식이라면, 나쁜 소식은 무엇입니까?

의사: 내가 이 주 전에 이 말씀을 드렸어야 했습니다.

(Doctor: Would you like the good news or the bad news?

Patient: Give me the good news.

Doctor: You've only got three weeks to live.

Patient: If that's the good news, what's the bad news?

Doctor: I should have told you two weeks ago.)

좋은 소식과 나쁜 소식(2)

(Good News and Bad News)(2)

치과의사: 좋은 소식과 나쁜 소식 중에 어느 것부터 듣기 원합니까?

환자: 좋은 소식부터 들려주십시오.

치과의사: 당신의 치아는 완벽합니다.

환자: 나쁜 소식은 무엇입니까?

치과의사: 당신의 잇몸(gums)이 너무 나빠서 내가 당신의 치아를 모두 뽑아야 합니다.

(Dentist: Do you want the good news or the bad news?

Patient: Give me the good news.

Dentist: Your teeth are perfect.

Patient: What's the bad news?

Dentist: Your gums are so bad that I'll have to take all your teeth out.)

치과 의사와 환자
(Dentist and Patient)

환자: 여보시오, 그 이빨은 내가 뽑기를 원한 이빨이 아니요.

치과 의사: 진정하시오, 내가 다음에 뽑을 이빨이 당신이 뽑기를 원하는 이빨이요.

(Patient: Hey, that wasn't the tooth I wanted pulled.
Dentist: Calm yourself, I'm coming to it!)

방주 안에서의 낚시
(Noah's Ark)

어떤 사람이 말하기를, "노아의 방주 안에 물고기들이 많아 낚시를 즐겼을 거야" 라고 하자, 다른 사람이 말하기를 "어떻게 그게 가능한가? 그들에게는 오로지 두 마리의 지렁이 밖에 없었는데"라고 했다.

(Someone said, They must have enjoyed fishing in the Noah's ark. Other said, how could they? they only had two worms.)

변 호 사
(Lawyers)

당신은 좋은 소식과 나쁜 소식을 들었는가? 좋은 소식은 변호사들로 가득 찬 버스가 낭떠러지로 굴러 떨어 졌다는 소식이야. 그리고 나쁜 소식은 그 버스에 세 좌석이 비어 있었다는 거야!

(Did you hear the good news and the bad news? The good news is that a bus load of lawyers just ran off the cliff. The bad news is that there was three empty seats on the bus.)

변호사와 증인
(Lawyer and a Witness)

한 도둑의 부인이 지방 검사의 심문을 받고 있었다.
검사: 당신이 이 죄수의 아내입니까?
여인: 예

변호사: 언제 도둑의 사건이 발생했나요?
증인: 제 생각으로는...
변호사: 우리는 당신의 생각에는 관심이 없어요. 우리는 당신이 알고 있는 것을 알기 원합니다.
증인: 만약 당신이 내가 생각하는 것을 알기 원하지 않는다면, 내가 증인석을 떠나야 겠군요. 나는 생각하지 않고는 말을 못하거든요. 나는 변호사가 아니에요.

(A burglar's wife was being cross-examined by the district attorney.
Attorney: Are you the wife of this prisoner?
Woman: Yes.

Lawyer: When did the robbery take place?

Witness: I think...

Lawyer: We don't care what you think, sir. We want to know what you know.

Witness: Then if you don't want to know what I think, I might as well leave the stand. I can't talk without thinking. I'm no lawyer.)

편저자 박형용 번역

턱 수 염

(Mustache)

선생: 명석한 학생 누구든지 왜 남자의 머리가 턱수염보다 더 빨리 희어지는지 말해 줄 수 있겠나?

학생: 그것은 물론 그의 머리털이 턱 수염보다 20년 먼저 시작했기 때문이죠.

(Teacher: Can any bright pupil tell me why a man's hair turns gray before his mustache?

Student: Cause his hair has a twenty-year head start on his mustache.)

정치가의 죽음과 사회의 발전
(Politician)

정치가들의 죽음은 항상 신문의 사회 발전 란에 실어야 한다.

(The deaths of politicians should always appear under the public improvement section of the newspaper.)

대 통 령
(President)

한 사람이 휴양지에 있는 한 호텔의 프론트에 가서 방을 요청했다.

사무원이 무관심한 태도로 "예약은 하셨습니까?"라고 묻는다.

그 사람은 "나는 지난 12년 간 여기에 왔지만 예약을 한 적이 없소."라고 대답한다.

그러자 사무원이 "지금 비어있는 방이 없습니다. 방이 모두 찼습니다. 예약 없이는 방을 구하실 수 없습니다." 라고 말한다.

그 사람이 "만약 미국 대통령이 여기 온다고 가정해 보시오. 당신을 대통령을 위해 방을 마련하실 것 아닙니까?"라고 묻는다.

그러자 사무원이 "물론이지요, 대통령을 위해서라면 방을 마련해야지요."라고 대답하자, 그 사람이 "좋아요, 내가 지금 확실하게 말하는데 대통령이 오늘 저녁 여기 오시지 않았거든요. 그러니 그의 방을 나에게 주시오."라고 요청했다.

(A man walked up to the desk of a resort hotel and asked for a room.

"Have you a reservation?" asked the indifferent clerk.

"No, But I've been coming here every year for 12 years, and I've never had to have a reservation."

"Well, there is nothing available. We are filled up, and without a reservation you can't get a room."

"Suppose the president of the United States came in. You would have a room for him, wouldn't you?"

"Of course, for the president we would find a room-we would have a room."

"All right," said the man. "Now I'm telling you that the president isn't coming here tonight. So give me his room.")

편저자 박형용 번역

뽐 내 기

(Boasting)

어느 날 숲(정글) 속에서 세 동물들이 누가 가장 힘이 센지를 의논하고 있었다.

매가 말하기를, "내가 가장 세지," "왜냐하면 나는 날 수 있고 신속하게 먹이감을 낚아 챌 수 있기 때문이지"라고 말했다. 그러자 산에 사는 사자가, "그것은 아무것도 아니야," "나는 빨리 움직일 수 있을 뿐만 아니라, 강력한 이빨과 발톱을 가지고 있지"라고 말했다. 그러자 고슴도치가 "내가 가장 힘이 세지," "왜냐하면 나는 꼬리만 잠시 흔들어서 너희 둘 모두를 쫓아 낼 수 있거든"이라고 말했다.

그런데 바로 그 때 커다란 그리즈리 곰이 숲에서 나타나서 매와 사자와 냄새피우는 자 모두를 먹어 치우므로 논의의 결론을 내렸다.

(One day in the forest, three animals were discussing who among them was the most powerful.

"I am," said the hawk, "because I can fly and swoop down swiftly at my prey."

"That's nothing," said the mountain lion, "I am not only fleet, but I have powerful teeth and claws."

"I am the most powerful," said the skunk, "because with a flick of my tail, I can drive off the two of you."

Just then a huge grizzly bear lumbered out of the forest and settled the debate by eating them all... hawk, lion, and stinker.)

편저자 박형용 번역

역사와 물가
(History and Price)

역사의 가장 나쁜 부분은 역사가 반복될 때마다 물가가 올라간다는 점이다.

(The worst thing about history is that every time it repeats itself, the price goes up.)

철 자 법

(Spelling)

선생: 푸마의 철자를 어떻게 쓰지?

학생: 피 오 오 엠 에이

선생: 사전은 푸마를 피 유 엠 에이로 쓴다.

학생: 선생님은 사전이 푸마를 어떻게 쓰느냐고 묻지 않고 내가 어떻게 쓰느냐고 물으셨지 않아요?

(Teacher: How do you spell puma?

Student: P-O-O-M-A.

Teacher: The dictionary spells it P-U-M-A.

Student: You didn't ask me how the dictionary spells it. You asked me how I spell it.)

학교통학 버스와 실내 운동장
(School Bus and Gym)

오늘날 우리는 아이들이 걷지 않도록 그들의 집 문밖에서 태워 학교로 운송할 수 있는 학교 통학버스를 위해 6만 불을 사용합니다. 그런 후 우리는 백만 불 이상을 들여 체육관을 지어 아이들이 운동할 수 있도록 합니다.

(Today we spend $60,000 for a school bus to pick up the kids right at the door so they don't have to walk. Then we spend over a million dollars for a gym so the kids can get some exercise.)

스코틀랜드 사람
(Scotchman)

스코틀랜드 사람이 우물에 빠졌다. 우물 물은 그의 키를 넘을 정도로 깊었고 대단히 찼지만 그는 수영을 할 줄 알았다. 그는 계속 떠 있으면서 그의 아내를 큰 소리로 불러 그의 아내가 우물곁에까지 왔다. 그의 아내가 우물 안을 내려다보며, "나는 아무 것도 할 수가 없소, 계속 머리를 들고 물 위에 떠 있도록 하시오. 그러면 내가 들에서 일하는 일꾼들을 불러 당신을 꺼내 주겠소." 우물에 빠진 남편이 "지금 몇 시오?" 라고 묻자, 아내가 "11시 조금 전이에요."라고 대답했다. 그러자 우물 속에 빠진 남편이, "그러면 소년들을 지금 불러 오지 마시오. 그들을 점심때까지 일하게 하시오. 나는 그때까지 수영하고 있겠소."

당신은 자신을 속이지 않기 위해 거울 앞에서 자신의 돈을 세고 있는 스코틀랜드 사람에 관해 들어 보았습니까?

(A Scotchman fell down a well. The water was way over his head and icy cold, but he could swim. He kept himself afloat and called out until his wife came to the edge of the well.

"I can't do a thing," she called down, "Just try to keep your head up and I'll call the men in from the field to pull you out."

"What time is it?"

"A little before 11 o'clock," she said.

"Well, don't ring for the boys now. Let them work until lunch time. I'll swim around till then."

Did you hear about the Scotchman who counted his money in front of the mirror so he wouldn't cheat himself?)

편저자 박형용 번역

여 보
(Sweetheart)

백만장자: 기사, 당신의 이름이 무엇입니까?
기사: 알프레드입니다. 주인님.
백만장자: 나는 항상 내 기사의 이름들을 그들의 성으로 부르지.
기사: 저의 성은 “여보”입니다. 주인님.
백만장자: 계속 운전하게, 알프레드.

(Millionaire: What's your name, driver?
Driver: Alfred, sir.
Millionaire: I always call my drivers by their last names.
Driver: It's Sweetheart, sir.
Millionaire: Drive on, Alfred.)

세 금

(Taxes)

첫 번째 친구: 두 가지는 확실해.
그것들은 죽음과 세금이야.
두 번째 친구: 그렇지, 그런데 죽음에 관해서 한 가지는 확실하지. 그것은 국회가 모일 때마다 더 나빠지지 않거든.

(First friend: Two things we're sure of-death and taxes. Second friend: Yeah, but one thing about death, it doesn't get worse every time Congress meets.)

손가락 빠는 아이
(Thumb-Sucker)

꼬마 아이가 항상 손가락을 빠는 습관이 있었다. 그의 엄마가 그 습관을 고치려고 모든 노력을 다 했다. 그런데 하루는 그의 엄마가 뚱뚱하고 배가 뚝 튀어 나온 남자를 가리키며 그녀의 꼬마 아들에게 저 남자가 저렇게 뚱뚱하게 자란 이유는 그가 어렸을 적 손가락을 빨았기 때문이란다라고 말해 주었다.

다음날 그 아이가 엄마와 함께 시장에 갔다. 그런데 그 아이가 배가 뚝 튀어 나온 한 부인을 이상한 눈초리로 계속 바라보고 있었다. 그 부인은 임신하여 배가 부른 상태에 있었다. 결국 기분이 상한 부인이 아이에게 "그런 눈초리로 나를 보지 마라. 너는 내가 누구인지도 모르지 않느냐?"라고 말했다.

그때 그 아이가, "아닙니다." "그러나 나는 당신이 어렸을 적에 무엇을 했는지는 알지요."라고 대답했다.

(A little boy was in the habit of sucking his thumb all the time. His mother tried everything to break him of the habit. Finally, one day she pointed to a fat man with a very large stomach and said that the man had grown his gig stomach because he did not stop sucking his thumb.

The next day the child was with his mother in a supermarket, and he kept staring at a woman with a stomach that was obviously not at all normal, in fact she was very pregnant.

Finally, the annoyed woman said to the child, “Stop staring at me like that. You don't know who I am.”

“No,” said the boy, “but I know what you have been doing.”)

편저자 박형용 번역

6년 후에 900불
(Postdated)

한 운전사가 텍사스 목장을 지나가다가 길을 건너가는 송아지를 치어 죽였다. 그 운전사가 송아지 임자를 찾아가 송아지를 치어 죽였다고 말하고 송아지의 값이 얼마냐고 물었다.

목장주인이 "지금은 약 200불이지만, 6년 후에는 아마 900불쯤 될 겁니다. 그러니, 내가 900불을 손해 본 겁니다"라고 말했다. 그 운전사가 앉아서 수표를 쓰더니 목장주인에게 건네면서 하는 말이 "여기 900불짜리 수표가 있습니다. 단지 6년 후에 지불 받을 수 있도록 날짜를 적었습니다" 했다.

(A motorist driving by a Texas ranch hit and killed a calf that was crossing the road. The driver went to the owner of the calf, and explained what had happened. He then asked what the animal was worth.

"Oh about $200 today." said the rancher. "But in six years it would have been worth $900. So $900 is what I'm out."

The motorist sat down and wrote out a check and handed it to the farmer.

"Here," he said, "is the check for $900. It is postdated six years from now.")

편저자 박형용 번역

변호사의 수임료와 부자 친구
(A Lawyer and a Wealthy Friend)

한 변호사가 부자 친구를 위해 어려운 법률 소송 사건을 성공적으로 해결했다. 사건이 잘 해결 된 후 부자 친구인 소송 의뢰인이 변호사 친구를 방문하여 그의 노고에 대해 감사를 표시하고 값 비싼 모로코 제 가죽 지갑을 내밀었다.

변호사는 놀란 태도로 지갑을 바라다보더니 "내가 베푼 법률봉사는 가죽 지갑 정도로는 보상할 수 없네," "나의 법률 봉사료는 500 불은 될 걸세"라고 날카롭게 반응을 보이며 지갑을 돌려주었다. 소송 의뢰인 친구가 지갑을 열더니 1000 불짜리 지폐를 꺼내어 500 불짜리와 바꾸더니 웃으면서 다시 변호사에게 지갑을 전해 주었다.

(A lawyer had successfully handled a difficult law case for a wealthy friend. Following the happy outcome of the case, the friend and client called on the lawyer, expressed his appreciation of his work, and handed him a handsome Moroccan leather wallet.

The lawyer looked at the wallet in astonishment and handed it back with a sharp reminder that a wallet could not possibly compensate him for his services. “My fee for that work,” acidly snapped the attorney, “is 500 dollars.”

The client opened the wallet, removed a 1,000 dollar bill, replaced it with a 500 dollar bill, and handed it back to the lawyer with a smile.)

편저자 박형용 번역

부시와 푸틴
(Bush and Putin)

부시와 푸틴이 함께 하나님을 만났다.

부시가 묻는다. “언제쯤 우리 국민들이 잘 살 수 있을까요?” 하나님이 “20년 후에”라고 답하자 부시가 울며 뛰어 나갔다.

이번엔 푸틴이 물었다. “언제쯤 우리 국민들이 잘 살 수 있을까요?” 그러자 이번에는 하나님이 울며 뛰어 나갔다.

* 러시아가 가난뱅이라는 유머도 얼마 있으면 수명을 다할 것 같다. 원유, 가스 등 엄청난 천연 자원과 함께 지도자의 노력으로 거인이 오랜 동면에서 깨어나고 있기 때문이다.

(Bush and Putin met God together. First, Bush asked God, “When will our people live well?” God responded, “Twenty years later.” Then, Bush rushed out from the room crying. Then Putin asked God, “When will our people live well?” Instead of responding to this question, God rushed out from the room crying.) (편저자 번역)

김진배 유머개발원원장

깨끗한 얼굴과 더러운 손

(Clean Face and Dirty Hands)

어머니: 네 얼굴은 깨끗한데 네 손은 어떻게 그렇게 더러워졌니!

아들: 얼굴을 씻느라 더러워졌어요.

(Mother: Your face is clean, but how did you get your hands so dirty?

Son: Washin' my face.)

게으름뱅이

(Lazy)

텍사스의 한 큰 농장 주인이 50명의 일꾼을 채용했다. 그런데 아무도 주인이 기대한 만큼 일을 하지 못했다. 하루는 주인이 그의 일꾼들의 게으름을 고쳐 볼가하고 한 생각을 해냈다. 주인이 모든 일꾼들을 한 곳에 모으고 “내가 우리 농장에서 가장 게으른 사람을 위해 아주 쉬운 일을 맡기려 하는데 가장 게으른 사람은 이 앞으로 나오시오”라고 말했다. 모든 사람이 앞으로 나오는데 딱 한 사람만 그대로 남아 있었다. 주인이 “왜 그대는 다른 사람들과 함께 앞으로 나오지 않는가?” 라고 묻자, 그 사람이 “너무 번거로워서요.”라고 대답했다.

(The owner of a large ranch in Texas had 50 men working for him. None of them worked as hard as he expected them to work. One day he had an idea about how to cure his men of their laziness.

He called them together and said, “I've got a nice easy job for the laziest man on the ranch. Will the laziest man please step forward.” Every man stepped forward except one man.

"Why didn't you step over with the rest of the men?" asked the rancher.

"Too much trouble," said the man.)

편저자 박형용 번역

돈 빌리는 일과 친구
(Loan and Friends)

"여보세요, 나 조지야."

"아 조지, 무슨 일로 전화했니."

"내가 로스 안젤레스에서 완전히 빈 털털이가 되었거든, 그래서 내가 당장 200불이 필요해."

"전화선이 무언가 이상한 것 같아. 네 말을 전혀 들을 수가 없어."

"200불만 빌려 달란 말이야"

"네가 무슨 말을 하는지 전혀 알아들을 수가 없어"

전화 안내원이 끼어들어서, "여보세요, 나는 전화 안내원인데요. 나는 상대의 말을 아주 분명하게 들을 수 있거든요."라고 말하자, "그러면 당신이 200불 빌려줘."라고 말하고 전화를 끊었다.

("Hello, this is George."

"Hello, George. What's on your mind?"

"I'm broke down in Los Angeles and I need $200 right away."

"There must be something wrong with the line. I can't

hear you."

"I say, I want to borrow $200."

"I can't hear a word you're saying."

Operator(coming on the line): "Hello! This is the operator. I can hear your party very plainly."

"Then you give him the $200.")

편저자 박형용 번역

교수형과 월요일
(Hanging on Monday)

죄수: 내가 교수형 당한다는 말입니까?

간수: 그래, 월요일 아침에 교수형이야!

죄수: 저를 토요일에 교수형 시킬 수는 없습니까?

간수: 왜 월요일에 교수형 받는 것을 원치 않는가?

죄수: 그냥, 한 주의 시작을 좋지 않게 시작하기 싫어서요.

(Prisoner: You mean they're going to hang me?

Guard: Yes, on Monday morning.

Prisoner: Can't you hang me on Saturday?

Guard: Why don't you want to hang on Monday?

Prisoner: Well, it seems like a terrible way to start the week.)

편저자 박형용 번역

좋은 이웃과 이사
(Moving and Good Neighbors)

첫 번째 이웃: 우리는 이사 갑니다. 우리는 더 좋은 이웃이 있는 곳에서 살 겁니다.

두 번째 이웃: 우리도 좋은 이웃이 있는 곳에서 살 것입니다.

첫 번째 이웃: 오! 당신도 이사 가십니까?

두 번째 이웃: 아니요, 우리는 바로 여기에 있을 것입니다.

(First neighbor: We are going to move. We're going to be living in a better neighborhood.

Second neighbor: So are we.

First neighbor: Oh, are you also moving?

Second neighbor: No, we're staying right here.)

편저자 박형용 번역

정신병원
(Mental Institutions)

정신병원에는 여자 보다 남자의 숫자가 더 많다. 그 사실은 누가 누구를 미치게 하는지를 보여 준다.
(There are more men than women in mental institutions-which goes to show who's driving who nuts.)

보이지 않고 이해하기 힘든 목사
(Pastor: invisible and incomprehensible)

프랜시스: 너는 새로 오신 목사님을 어떻게 생각하니?
샤론: 6일 동안은 그가 아무것도 하지 않고(보이지 않고), 칠일 째 되는 날 그의 설교는 이해하기 곤란해!
(Frances: What do you think of our new pastor?
Sharon: On six days of the week he is invisible, and on the seventh day he is incomprehensible.)

처 벌

(Punish)

학생: 선생님은 학생이 아무것도 하지 않은 것 때문에 처벌하시나요?

선생: 물론 아니지!

학생: 잘 됐네요, 제가 숙제를 하지 않았거든요.

(Student: Would you punish someone for something they didn't do?

Teacher: Of course not.

Student: Good, 'cause I haven't done my homework.)

깨진 토마토를 붙이는 법
(Fixing a broken tomato)

질문: 깨진 토마토를 어떻게 다시 붙일 수 있나?
답: 토마토 패이스트로 붙일 수 있다.

(Q. How do you fix a broken tomato?
A. With tomato paste.)

휴 가
(Vacation)

휴가를 금방 끝낸 사람만큼 더 절실하게 휴가가 필요한 사람은 없다.

(No man needs a vacation as much as the person who just had one.)

납치자와 부인

(Ransom and Wife)

납치자: 부인, 우리는 당신의 남편이 당신의 몸값을 지불할 때까지 당신을 놓아 주지 않을 것이요.

부인: 오, 저런, 내가 내 남편을 좀 더 잘 대우해 줄 걸!!!

(Kidnapper: Lady, we are going to hold you until your husband ransoms you.

Woman: Oh, dear. I wish now that I had treated William a little better.)

고객은 왕
(Customer is the King)

주 인: 저 고객과 논쟁을 벌였다는 뜻이 무엇인가? 그대는 우리들의 원칙을 모르는가? 고객은 항상 옳은 거야!

종업원: 내가 그 원칙을 잘 알고 있지요. 그런데 저 고객께서 자신이 틀렸다고 계속 주장하지 뭐예요!

(Boss: What do you mean by arguing with that customer? Don't you know our rule? The customer is always right.

Employee: I know it. But he insisted that he was wrong.)

편저자 박형용 번역

러시아의 감옥에서 있었던 일

(At Russian Prison)

첫 번째 러시아인 죄수: 무엇 때문에 들어 왔니?
두 번째 러시아인 죄수: 출근을 약간 늦게 했다고 잡혀 왔어. 너는 왜 들어 왔어?
첫 번째 러시아인 죄수: 나는 너무 빨리 작업장에 도착해서 잡혀 왔어. 그들은 나를 의심해서 체포 했어.
세 번째 러시아인 죄수: 그런데 말이야, 나는 작업장에 정각에 왔는데 잡혀 왔거든.
두 번째 러시아인 죄수: 그게 도대체 무슨 죄목이야.
세 번째 러시아인 죄수: 그들이 말하기를 내가 미국제 시계를 소유했대.

(First Russian prisoner: What are you in for?
Second prisoner: I came to work late. How about you?
First Russian prisoner: I came to work early, so they arrested me on suspicion.

Third prisoner: Well, I'm here because I arrived at work exactly on time.

Second prisoner: What kind of offense is that?

Third prisoner: They said I must own an American watch.)

편저자 박형용 번역

느리지만 합리적인 학생
(School Daze)

선생: 만약 네가 사과를 네 조각으로 나누면 그것을 4분의 1이라고 해. 그리고 만약 네가 사과를 여덟 조각으로 나누면 그것을 8분의 1이라고 하지. 그러면 말이야, 네가 사과를 8000조각으로 나누면 그것을 무엇이라고 할가?
학생: 애플 소스

(Teacher: If you cut an apple into 4 pieces it is called quarters. And if you slice it into 8 pieces it is called eights. What is it called when you slice it into 8000 parts?
Student: Applesauce.)

선생: 6 더하기 4는 얼마인가?
학생: 그것은 11이에요, 그렇지요?
선생: 6 더하기 4는 10이야.
학생: 6 더하기 4가 10일 수가 없지요.
왜냐하면 5 더하기 5가 10이거든요.

(Teacher: How much is six and four?
Student: That's about eleven, ain't it?
Teacher: Six and four are ten.
Student: Six and four couldn't be ten, because five and five are ten.)

편저자 박형용 번역

숙 제
(Homework)

학생: 저는 매우 피곤합니다. 저는 자정까지 숙제를 했습니다.

선생: 몇 시에 숙제를 하기 시작했나?

학생: 저녁 11시 55분에요.

(Student: I'm very tired. I was up till midnight doing my homework.

Teacher: What time did you begin?

Student: Eleven fifty-five.)

신사적인 복수
(Gentlemanship Revenge: Sober)

한 선박의 일등 항해사가 평생 처음으로 술에 취했다. 완고하고 인정 없는 선장이 "오늘 일등항해사가 술에 취했다"라고 배의 일지를 기록했다. 일등항해사가 설명도 없이 배의 일지를 그렇게 기록하면 전에 한 번도 취해 보지 않은 사람을 마치 이 번 취한 것이 일상적으로 항상 취하는 사람처럼 만들어 내 경력을 망칠 우려가 있다고 선장에게 항의했다.

하지만 선장은 선박의 일지가 정확한 진실을 기록한 것이기에 기록된 대로 유지되어야 한다고 완고한 입장을 취했다.

다음 주간은 일등항해사가 배의 일지를 기록할 차례였다. 일등항해사는 "오늘은 선장께서 술 취하지 않았다"라고 배의 일지를 기록했다.

(The first mate on a ship got drunk for the first time in his life. The ship's captain, a stern and rigid man, recorded in his log, "The first mate got drunk today."

The mate protested against the entry, explaining that if it remained in the log without further comment or explanation it could ruin his career because it suggested that drunkenness was not unusual for him, whereas he had never been drunk before. The captain, however, was adamant, stating that the log recorded the exact truth and therefore must stand as written.

The next week it was the mate's turn to write the ship's log. And on each day he wrote, “The Captain was sober today.”)

편저자 박형용 번역

연 설
(Speech)

그는 식사 후에 참으로 훌륭한 연설을 했어.

그가 무엇을 말했는데? 그가 말하기를, “봉사원, 계산서를 나에게 주시요”라고 했거든.

(“He made an unusually good after-dinner speech.”

“What did he say?” “He said, ‘Waiter, give me the check.’”)

연좌데모

(Strike)

한 회사의 모든 종업원들이 연좌데모에 들어갔다. 대단히 영리한 사장이 데모하는 종업원들에게 편의를 제공하기 위해 담요와 브랜디 술을 가져다주었다. 브랜디 술이 절반쯤 없어졌을 때 사장은 열 명의 젊은 여인들을 들여보내 데모하는 종업원들을 접대하도록 했다. 그리고는 사장께서 데모하는 종업원들의 아내들을 불러와 그들의 남편들이 얼마나 편안한지를 보게 했다. 그것으로 연좌데모는 종지부를 쳤다.

(One particular company was having a problem with all the employees going on a sit-down strike.

A very smart executive told the strikers that they might as well be comfortable, so he provided them with blankets and cases of brandy. When the brandy was half-consumed, the boss sent in 10 young women to entertain the sit-downers. Then he brought over the striker's wives so that they could see how comfortable their husbands were. That ended the sit-down strike.)

편저자 번역

테니스 게임
(Tennis)

몸무게가 무거운 사람이 친구와 함께 테니스 게임에 관해 이야기 하고 있었다. "내 뇌는 내 몸에 명령을 내린다: 빨리 앞으로 전진하여라! 당장 출발하라!

볼을 쳐서 우아하게 상대방 코트로 넘겨라! 제자리로 돌아오라!

친구가 묻는다. "그리고는 어떻게 되었습니까?"

"그런데 말이야, 내 몸이 반응하기를, 누구! 나말이야?"

(A very overweight man was discussing his tennis game with a friend.

"My brain barks out commands to my body: Run forward speedily! Start right away! Hit the ball gracefully over the net! Get back into position!"

"Then what happens?" asked the friend.

"And then, my body says, 'Who, me?'")

편저자 박형용 번역

손님과 웨이터

(Waiter...., Oh, waiter!)

손님: 웨이터! 내 스프에 파리가 있어요!

웨이터: 아, 좋은 수프를 아는 파리도 있구먼.

Customer: Waiter! There's fly in my soup!

Waiter: Now there's a fly that knows good soup.

손님: 웨이터! 죽은 파리가 내 수프에서 수영하고 있어요!

웨이터: 난센스, 죽은 파리는 수영을 못해요.

Customer: Waiter! There's a dead fly swimming in my soup!

Waiter: Nonsense, sir. Dead flies can't swim.

손님: 웨이터! 내 귤 스프에 귤이 하나도 들어 있지 않아요!

웨이터: 당신은 붕어빵에 붕어가 있을 것을 기대하시나요?

Customer: Waiter! I can't seem to find any oysters in this oyster soup.

Waiter: Would you expect to find angels in angel food cake?

이빨 뽑는 방법
(A Way to Pull Tooth)

윌리암스 부인이 이빨 뽑는 것을 기뻐하지 않았다. 그러나 치과 의사께서 다른 방법은 없다고 확신시켜 주었다. 그래도 의사가 족집게(겸자)를 입에 넣으면 입을 꽉 다물었다. 의사가 간호사에게 소근 소근 귓속말을 한 다음 다시 시도하기로 했다. 의사가 윌리암스 부인의 이빨에 접근하는 순간 간호사가 힘껏 윌리암스 부인의 엉덩이를 꼬집었다. 윌리암스 부인의 입이 벌어졌고 의사는 빼려고 하는 이빨을 간단히 뽑았다. 모든 것이 끝난 후에 의사가 "그렇게 나쁘진 않구먼" 이라고 하자, 윌리암스 부인은 "그렇습니다"라고 동의를 한 다음 "그런데 이빨의 뿌리가 엉덩이까지 내려가 있는 줄을 누가 상상이나 했겠습니까?"라고 말했다.

(Mrs. Williams wasn't very happy about having her tooth pulled, but the dentist assured her there was no other choice. Nonetheless, every time he went to put the forceps in her mouth, she clenched her teeth.

Whispering to the nurse, the dentist tried again. At the instant he approached her, the nurse pinched Mrs.

Williams on the bottom with all her strength. The woman's mouth opened wide, and the tooth was pulled.

"Now," the dentist said when it was all over, "that wasn't so bad."

"No," Mrs. Williams agreed. "But who would have imagined that the roots went so far down!")

편저자 박형용 번역

지옥문이 혼잡한 이유

근래에 한국인들 때문에 지옥문이 복잡하다. 왜냐하면 한국 사람들이 사우나(불가마)에 익숙해져서 지옥에 오는 한국 사람들에게 지옥의 온도가 너무 낮기 때문이다. 그래서 지금 지옥은 지옥 불의 온도를 높이기 위해 리모델링(재건축)하고 있다. 그런 관계로 많은 사람들이 지옥문 밖에서 기다리고 있다.

(These days, the gate of hell is crowded due to the Korean people. Koreans are accustomed to the sauna, so hell is now being remodeled to increase the temperature of the furnace. As a result, a lot of people are waiting for the completion of the remodeling.)

편저자 번역

천국문이 복잡한 이유

근래에 천국 문이 한국인들 때문에 복잡하다. 왜냐하면 많은 한국 사람들이 성형 수술을 한 관계로 천국 문 지키는 문지기가 진짜와 가짜를 구분하는데 시간이 많이 걸리기 때문이다. 그래서 천국 문 밖에 긴 줄이 서 있다.

(These days, the gate of heaven is crowded due to the Korean believers. Many Koreans have had plastic surgery, so the keeper of the gate of heaven is spending extra time to distinguish the true identity of each individual. As a result, the gate of the heaven is crowded.)

편저자 번역

예 술 가

(Artist)

모델: 불빛이 너무 강해요. 이 의자는 왜 이리 딱딱해요. 이 옷은 견딜 수가 없어요. 내 머리는 엉망이에요. 내 입술연지 색깔은 잘못되었어요.

예술가: 당신의 이름이 무엇이지요?

모델: 리사 예요.

그래서 화가는 그 작품의 이름을 "신음하는 리사"(모너 리사)라고 지었다.

Model: The light's too strong. This chair is too hard. I can't stand this dress. My hair's a mess. My lipstick is the wrong color.

Artist: What is your name?

Model: Lisa.

So the painter called the work "The Moaner Lisa."

편저자 박형용 번역

남편들의 얼굴이 다른 이유
(Husbands)

모든 남편들은 다 똑 같아, 그러나 그들의 얼굴이 다르게 생긴 이유는 아내들로 누가 자기 남편인지 알 수 있게 하기 위해서지!

All husbands are alike, but they have different faces so that women can tell them apart.

편저자 번역

정보 감추기
(Withholding information)

멕시코의 한 강도가 때때로 리오그란데(미국과 멕시코 국경을 흐르는 강) 강을 자신 있게 건너 텍사스에 있는 은행들을 털곤 했다. 결국 그 강도를 잡는 자에게 포상금을 주겠다는 광고가 붙었다. 그리고 모험심이 많은 한 텍사스 레인저(Texas Ranger)가 그 강도를 추적하여 잡기로 결심했다.

오랜 노력 끝에 텍사스 레인저가 그 강도가 자주 찾는 술집을 알아냈다. 그리고 텍사스 레인저는 그 강도의 뒤쪽으로 살금살금 들어가 그 강도의 머리에 권총을 들이댔다. 텍사스 레인저가 "너를 체포하겠다, 네가 약탈한 물건들을 어디에 감추었는지 말하여라. 그렇지 않으면 쏘겠다."라고 위협했다.

그런데 그 강도는 영어를 할 줄 몰랐고, 그 텍사스 레인저는 서반아어를 할 줄 몰랐다. 그래서 텍사스 레인저는 서반아어를 할 줄 아는 그 지방 사람에게 그 강도의 메시지 통역을 부탁했다. 겁을 잔뜩 먹은 그 강도가 약탈물건을 술집 뒤편 참나무 밑에 묻어 두었다고 부지중에

서반아어로 말해 버렸다. 텍사스 레인저가 궁금해서 "그가 무엇이라 말했느냐?"라고 묻자, 통역하는 그 지방 사람이 "그는 죽는 것을 두려워하지 않는다."고 말했으니, "그를 쏴 버리시오."라고 대답했다.

어떤 사람들은 자신에게 돌아가는 유익을 위해 정보를 감추곤 한다. 그것은 좋지 않은 것이다.

(A Mexican bandit made a specialty of crossing the Rio Grande from time to time and robbing banks in Texas. Finally, a reward was offered for his capture, and an enterprising Texas Ranger decided to track him down.

After a lengthy search, he traced the bandit to his favorite cantina, snuck up behind him, put his trusty six-shooter to the bandit's head, and said, "You're under arrest. Tell me where you hid the loot or I'll shoot you."

But the bandit didn't speak English, and the Ranger didn't speak Spanish. The Ranger asked a local to translate his message. The terrified bandit blurted out, in Spanish, that the loot was buried under the oak tree in back of the cantina. "What did he say?" asked the Ranger anxiously. The local answered, He says, “He no afraid to die. You can shoot him!”

Some people withhold information for their own vested interest and this is not a good thing.)

편저자 번역

by Francis J. King

The Philippine Star, March 29, 2008(Saturday)

장수의 비결은 웃음

김종인(한국보건복지학회장) 원광대 보건대학원 교수는 100세 이상의 노인 109명과 80~89세 노인 135명, 그리고 60~69세 노인 145명 등 총 389명을 상대로 웃음과 장수의 역학관계를 조사했다.

연구 결과 100세 이상 노인은 하루에 2번 이상 웃는 것을 기준으로 80새 노인보다 10배, 60대 노인보다 12배 더 웃는 것으로 나타났다. 반면 100세 이상 노인은 미래에 대한 근심과 걱정을 80대 노인 보다 6분의 1 밖에 하지 않고, 60대 노인 보다는 12분의 1 밖에 하지 않는다.

반대로 100세 이상의 노인은 잘 웃는 만큼 상대적으로 잘 울지 않는다. 그리고 100세 이상의 노인의 병원이용률은 80대 노인의 11분의 1에 불과하며 60대 노인의 4분의 1에 그쳤다. 장수하는 사람은 잘 웃는 사람이요 근심과 걱정이 적으며 스트레스 없이 사는 사람이다. 이 결과는 웃음과 장수가 관계가 있음을 입증하는 것이다.

동아일보 2008년 5월 24일
김윤종 기자 기사 참조

새로운 칠거지악

요즈음 여권이 신장되고 아내의 힘이 커지자 남편들은 아내의 눈치 보며 사는 세태가 되었다. 그런 세태를 반영이라도 하듯 "차버려" 주제로 만들어진 "신 칠거지악"이 회자되고 있다.

1. 귀찮게 놀면 인정사정 볼 것 없이 차버려
2. 돈 안 벌어 오면 눈 딱 감고 차버려
3. 반찬 투정하면 그냥 차버려
4. 잠자리가 시원치 않으면 냅다 차버려
5. 명령에 불복종하면 발로 콱 차버려
6. 마음에 들지 않으면 뒤 돌아 볼 것도 없이 차버려
7. 늙어서 힘없으면 물어 볼 것도 없이 차버려

앵무새의 기도

수녀원에 잔소리 심한 늙은 수녀님이 있었다. 한 젊은 수녀님은 늙은 수녀님 방에서 잔소리를 듣고 나오면 늘 상 문을 쾅! 닫고는 작은 소리로 중얼거렸다. “저 늙은 수녀, 빨리 죽었음 좋겠다!”

그런데 방 밖에 있던 앵무새가 이 젊은 수녀님의 말을 배워서 문이 쾅 하고 닫히기만 하면 큰소리로 외치는 것이다. “저 늙은 수녀, 빨리 죽었음 좋겠다!”

난처해진 젊은 수녀님은 다음부터는 문소리가 나지 않게 살살 닫았지만 바람에 문이 쾅! 닫히기만 해도 앵무새는 큰 소리로 외쳐대는 것이었다.

고민 끝에 젊은 수녀님은 신부님을 찾아갔다. 자초지종을 들은 젊은 신부님은 싱긋 웃더니, “거 참 고민되시겠군요. 이러면 어떨까요? 제가 사제관에서 기르는 앵무새가 한 마리 있는데 그 앵무새를 함께 길러 보세요. 짝이 생기면 그 말을 잊을지 혹시 압니까?”

그래서 한 새장에 새 두 마리를 넣고 길렀다. 물론 문을 살살 닫는 것도 잊지 않았다. 그런데 하루는 실수로 문을 쾅 닫고 아차! 하는 순간, 얄미운 앵무새가 잊지도 않고 큰소리로 외치는 것이었다.

"저 늙은 수녀, 빨리 죽었으면 좋겠다!"

그러자 신부가 준 앵무새가 하는 말, "주여, 우리의 기도를 들어주소서!

아름다운 동행에서 전제

가장 따뜻한 바다

김 집사는 교회에서 박 집사로부터 재미난 유머 하나를 들었다. 이 세상에서 제일 찬 바다는 '썰렁해'래, 그럼 제일 따뜻한 바다는 뭘까? 그렇게 물으면 남편이 "사랑해"라고 대답한다는 것. 사랑 고백에 목말라 하던 우리의 김 집사. 집에 와서 남편에게 그대로 했다. "여보 이 세상에서 제일 찬 바다는 '썰렁해'래요. 그럼 제일 따듯한 바다는 뭐게요?"

남편 왈 "열 바다!"

아름다운 동행에서 전제

강도사 시험에 얽힌 우스갯 이야기

박병식 목사가 강도사 시험을 볼 때의 일이다. 그 당시 많은 동료들이 박병식 전도사는 조직신학을 잘하는 것으로 알고 있었다. 그런데 동기동창인 윤낙중 전도사가 그 당시 국회의원이셨던 윤인식 장로님의 국회의원 선거운동을 하느라 강도사 시험 준비를 전혀 하지 못하고 시험 장소인 대전 중앙 교회에 왔다. 박병식 전도사가 윤낙중 전도사를 위해 조직신학 분야의 출제 가능한 문제를 알려 주었다. 그런데 시험을 본 후 결과가 나왔는데 박병식 전도사는 조직신학에서 떨어졌고 윤낙중 전도사는 모든 과목에서 합격했다.

2003년 11월 23일 11시 주일 예배 시
박병식 목사 증언

아내에게 상처를 줄 수 있는 남편의 말

"이젠 살 좀 관리하시지."
"옷이 그게 뭐야, 그 옷밖에 없어."
"당신이 집에서 하는 일이 뭐야."
"아줌마가 뭘 알아."
"자기가 좋아서 직장 다니면서 생색내지 마."

남편에게 상처를 줄 수 있는 아내의 말

"돈을 잘 벌어 와, 집안일을 해, 애들한테 잘하기를 해."
"내가 못났으니까 이렇게 살지."
"당신 어머니는 대체 왜 그런데?"
"그런 건 남자가 알아서 해야지."
"(가사를 도와준 남편에게) 난 그런 일 매일 하거든."

축구 선수의 건강에 좋은 신약과 구약

축구 경기를 할 때 선수들이 잘 뛰면 감독에게 무슨 약을 선수들에게 먹이느냐고 묻곤 한다. 한 번은 어느 감독이 이 영무 감독에게 "선수들에게 무슨 약을 먹이느냐"고 물었다. 그래서 이 영무 감독이 "신약과 구약이 있어요." 라고 대답했다. 그런데 그 감독이 정말로 약국에 가서 "신약과 구약"을 찾았다. 실상은 신약과 구약에 근거한 선수 생활을 하면 모든 것을 절제하고 술 담배도 하지 않기 때문에 경기할 때 잘 뛸 수 있다는 뜻이었는데!

이영무 감독 전언
2004. 5. 2
송파제일교회 저녁 예배 시

할렐루야와 아멘

어느 목사님이 좋은 말을 사서 훈련을 시켰다. "할렐루야" 하면 달리고, "아멘" 하면 멈추도록 훈련을 시켰다. 이 목사님의 말은 다른 말은 듣지 않고 "할렐루야"와 "아멘"만 들었다.

목사님이 나이 들어 더 이상 말을 탈 수가 없어서 그 말을 팔기로 하고 잘 아는 성도에게 그 말을 팔았다. 그리고 그 성도에게 "이 말은 '할렐루야' 하면 달리고, '아멘' 하면 정지하니 이 두 말을 꼭 기억하라고 당부했다.

이 성도가 이 말을 산 후 초원을 신나게 달려 보고 싶었다. 그런데 그 초원 한 쪽 끝은 낭떠러지이다. 그 성도가 처음에 "할렐루야" 하니 말이 빠르게 달리기 시작했다. 너무 신나게 달리다 보니 말을 멈추는 신호인 "아멘"을 잊고 말았다. 아무리 생각해도 어느 말인지를 생각해 낼 수가 없었다. "주여," 해 봐도 멈추지 않고, "스톱" 해도 멈추지 않았다. 그런데 낭떠러지는 점점 가까이 다가오고 있었다. 하는 수 없이 하나님께 기도나 하고 죽자라고 생각하고 "하나님 이제 죽게 되었습니다. 제 영혼을 받아주세요" 하고 "아멘" 하니 말이 갑자기 그 자리에 딱 멈추어 섰다. 그런데 그 성도가 앞을 보니 수 십 길 낭떠러지가 바로 그 앞에 있었다. 너무 감격하고 고마워서 그 성도는 "할렐루야" 라고 말했다.

편저자 박형용 제공

11 계명

한국에는 11번 째 계명이 있다. 그것은 "들키지 말라"(Do not be caught.)이다. 1 계명에서 10 계명까지 어겨도 11계명만 지키면 된다.

"수다 많이 떨고 오셨어요?"

합동신학대학원대학교에서 가르치신 유영기 교수의 딸 진덕이가 오스트리아의 비엔나에서 플루트(flute)를 오래토록 공부했다. 그래서 진덕이가 한국말에 익숙하지 않다. 진덕이가 귀국해서 박봉규 목사의 아들과 결혼을 했다. 그런데 어느 날 시어머님이 친구들을 만나고 집에 돌아오니, 며느리인 진덕이가 "어머님, 수다 많이 떨고 오셨어요" 라고 말했다.

편저자 박형용

문화와 언어

부산 모 교회 장로 임직식 때 하도례(Theodore Hard) 선교사가 축사를 하게 되었다. 그런데 하도례 선교사가 축사 도중 장로 "두 개"가 라고 잘못 말해서 성도들이 많이 웃었다. 성도들이 계속 웃으니 하도례 선교사는 자신이 잘 한 줄 알고 계속 "장로 두 개" 라고 말했다. 예배가 끝난 후 한부선(Bruce Hunt) 선교사가 "장로 두 마리가 라고 말하지 않은 것이 다행이다" 라고 했다.

김병원 박사 전언
전 고신대학교 총장
2003. 10. 20 한국 성서대학교에서

Senior 때문에 당한 봉변

고등학교 3학년(senior) 때에 한 학생이 캐나다 뱅쿠버(Vancouver)로 유학을 갔다. 그런데 유학 온지 얼마 되지 않아 뱅쿠버에 있는 Ontario Science Center(온타리오 과학관)를 구경하게 되었다. 매표소에서 표를 사려하는데 한 창구에 "씨니어"(Senior)라고 쓰인 싸인(sign)을 보고 이 고등학생이 씨니어(senior)표를 달라고 했다. 표 파는 직원이 당황해 하면서 당신이 어떻게 senior냐고 반문을 했다. 그 고등학생은 내가 senior 라고 우겼다. 결국 그 학생은 senior 표를 사지 못했다. 후에 senior가 노인 우대표를 파는 곳임을 알고 많이 웃었다.

Vancouver 필라델피아 교회의
이선광 집사님이 직접 경험한 것
2004, 7, 31(토) Vancouver에서 증언

"아는 고양이에요"

서울 잠실에 남포교회(박영선 목사)가 있다. 어느 날 교역자들이 식사하러 나가는데 배가 부른 듯 고양이가 옆을 지나갔다. 그 고양이를 본 이대원 부목사가 "고양이가 새끼를 배었구나"라고 말하자, 옆에서 같이 가던 김주송 목사가 "아는 고양이에요?"라고 물었다. 웃음이 뒤 따랐다.

2003. 9. 26 합동신학대학교 총장실에서
박영선 목사 증언

골프에 미친 목사

골프에 정신이 나간 목사가 수요일 예배시간인 줄도 잊어 먹고 골프를 치러 골프장에 갔다. 하늘에서 하나님과 천사가 그것을 내려다보고 있었다. 천사가 하나님께 "저 목사 혼 좀 내주어야 할 것 아닙니까?" 라고 하자 하나님이 "내가 혼을 내 줄 테니 두고 보아라" 하셨다. 그런데 하나님은 골프장에서 그 목사가 250 야드의 홀인원을 치게 하신다. 이를 지켜 본 천사가 "하나님, 혼내주시겠다 하시더니, 250 야드 홀인원을 치게 하시다니요" 라고 말하자, 하나님은 "두고 보아라, 이 목사의 마음고생이 얼마나 클지를" 이라고 대답하셨다.

이 목사는 수요일 예배 시간에 홀인원을 쳤기 때문에 자랑 한 번하지 못하고 계속해서 마음 고통을 받았다.

이명박 대통령과
박형용 박사의 공통점 찾기

이명박 대통령이 2007년 12월 19일 대통령에 당선되었다. 그런데 그의 생일과 결혼기념일이 12월 19일이라 한다. 그리고 이명박 대통령이 2008년 2월 25일(월)에 대통령(President)에 취임하였다.

박형용 박사의 결혼기념일도 12월 19일이다. 그리고 박형용 박사는 2008년 2월 25일(월) 같은 날에 서울성경신학대학원대학교의 총장(President)으로 취임하였다. 한 가지 덧 부치면 박형용 박사의 생일은 1월 20일인데 그 날은 4년에 한 번씩 미국 전 국민이 축하하는 날이다. 그 날이 미국 대통령 취임일이기 때문이다.

편저자 제공

이비인후과 의사의 처방

독실한 신자였던 이비인후과 의사에게는 많은 목사님들이 찾아왔다. 그날도 두 분의 목사님이 연이어 병원을 찾아서 진료를 받았다. 두 분 모두 성대를 과다하게 사용하셔서 성대에 무리가 와서 치료받으러 온 것이었다.

첫 번째 목사님에게 의사가 말했다. "목사님 성대에 무리를 주지 않도록 설교를 하실 때 목소리를 낮추고 말씀하시고, 찬송가는 가급적 부르지 마시기 바랍니다."

다음 목사님에게 의사가 말했다. "목사님 성대에 무리를 주지 않도록 설교 시간을 대폭 줄이시기 바랍니다. 그리고 찬송가도 짧은 것으로 부르시는 것이 좋겠습니다."

진료가 끝난 후 옆에서 이를 지켜본 간호사가 의사에게 물었다.

"아니 제가 볼 때 증세가 비슷한 것 같은데, 처방은 다르시네요."

의사가 웃으며 대답했다. "두 번째 목사님은 우리 교회 목사님이거든."

아름다운 동행에서 전제

우주인과 신앙

최초의 우주인은 소련의 가가린이다. 가가린이 최초로 성공적인 우주여행을 마치고 귀환했다. 그의 귀환을 환영하는 국가적인 환영 만찬이 열리고 있었다. 그런데 만찬 도중 그 당시 소련의 최고 권력가인 서기장 후르시초프가 가가린을 한 구석으로 데리고 가서 물었다. "자네 나에게 솔직하게 말해주게나, 자네 저 위에서 '그'를 보았나?" 그 질문에 가가린이 "그"가 누구예요? 라고 물었다. 후르시초프는 "아니 저 기독교인들이 말하는 '하나님'을 보았는가 말 일세." 가가린이 "예, 보았습니다."라고 답하자, 후르시초프가 "그래, 나도 그가 있을 것으로 생각은 했는데, 정말 있구만, 그러나 자네는 절대로 '하나님'이 있다고 말하지 말게, 만약 하나님이 있다는 것이 밝혀지면 우리 공산당은 끝장이야"라고 말했다.

두 사람이 만찬장으로 돌아와 계속 파티를 즐기고 있는데 얼마 후 소련 정교회 회장(Patriarch)이 가가린을 방 구석으로 잠시 데리고 가서 "자네 저 위에서 '그'를 보았는가?"라고 물었다. 가가린이 "아니요, 하나님은 없었습니다."라고 대답하자, 정교회 회장이 "나도 그가 있다고 믿지 않았는데, 자네 밖에 나가서는 절대로 하나님이 없다고 말하지 말게, 그것이 밝혀지면 우리 정교회는 끝장이네"라고 말했다.

2008년 3월 24일 11:00
서울성경신학대학원대학교 경건회에서
유광웅목사 전언(독일 어느 유인물에서)

졸음 쫓는 방법

아버지와 아들이 목사였다. 그런데 아들 목사가 설교할 때 성도들이 많이 졸았다. 그래서 아들 목사가 아버지 목사에게 도움을 청했다. 아버지 목사가 말하기를 “네가 우리 교회로 와서 내가 어떻게 하는지 보아라”고 하셨다. 아들 목사가 아버지 목사의 교회에 갔는데 아버지 목사가 설교 하면서 “내가 내 아내 아닌 다른 여인을 가슴으로 품어 보았습니다. 그 여인의 가슴은 참으로 따스했습니다.”라고 말했다. 그 말을 들은 성도들이 정신을 바짝 차리고 설교를 들었다. 그 때 아버지 목사님이 “그런데 그 여인은 나의 어머니였습니다.”라고 하자, 성도들이 모두 웃으면서 깨어 있었다.

아들 목사가 자신의 교회에 돌아와 설교를 하는데 성도들이 졸기 시작했다. 그래서 아버지a목사의 방법을 사용하기로 했다. 아들 목사가 “내가 내 아내 아닌 다른 여인을 가슴으로 품어 보았습니다. 그 여인의 가슴은 참으로 따스했습니다.”라고 말하자, 모든 성도들이 정신을 똑바로 하고 들었다. 그런데 아들 목사는 아버지 목사가 사용한 그 다음 말을 잊어 버렸다. 웃음이 뒤 따랐다.

2008년 4월 4일 서울성경신학대학원대학교 경건회에서
송무현교수 전언

386, 486, 586 세대

386세대는 3. 1일(삼일절), 8.15일(광복절), 6.25일(한국 전쟁)을 모르는 세대이다.

486세대는 4.19(학생 봉기), 8.15일(광복절), 6.25일(한국 전쟁)을 모르는 세대이다.

586세대는 5.16(군사 혁명), 8.15일(광복절), 6.25일(한국 전쟁)을 모르는 세대이다.

믿음과 임신

어느 집에 며느리가 있었는데 아이를 낳지 못해 가정에 걱정이 생겼다. 시어머니가 며느리에게 목사님께 가서 기도를 받자고 제안했다. 시어머니와 며느리가 목사님을 방문했다. 사정을 들은 목사님이 기도를 시작했다. 그런데 목사님이 기도할 때 며느리는 입을 꼭 다물고 아무 말도 하지 않고 시어머니는 "아멘, 아멘"하고 계속 반응을 하셨다. 누가 임신했겠습니까? 나중에 보니 시어머니가 임신하셨다.

2008년 9월 25일
제주 샤인빌 합신 총회에서 설교 중
박헌성목사(미주한인교회 총회장)

음악과 쇠고기

한 부부가 모처럼 외식을 했다. 여인들은 좋은 음악을 들으면 센티멘탈 해 진다. 여인들은 음악을 들으면 감성적이 된다. 음식점에서 음악이 흘러 나왔다. 좋은 음악이었다. 그러자 아내가 "이 곡이(고기) 무슨 곡이(고기)지요?"라고 남편에게 물었다. 그런데 쇠고기를 열심히 공략하고 있던 남편이 "이 고기가 쇠고기이지 무슨 고기"라고 답했다.

2008년 9월 25일 제주 샤인빌
합신 총회에서 설교 중
박헌성목사(미주한인교회 총회장)

복권과 심장마비

미국에서 복권에 당첨되면 심장마비로 사망하는 사건이 일어나곤 했다. 복권회사는 이런 일이 발생하지 않도록 예비조치를 취한다. 한 분이 천만 불의 복권에 당첨되었다. 복권회사가 직접 소식을 전하면 충격으로 심장마비가 일어날까봐서 복권 당첨자의 신분을 알아보았다. 그런데 마침 그 분이 어느 교회 권사였다. 복권회사는 그 권사의 복권 당첨 사실을 목사에게 전하면서 권사가 심장마비에 걸리지 않도록 조심스럽게 이 좋은 소식을 그 권사에게 전해달라고 부탁했다. 목사가 권사님을 방문했다. 그리고 서론적으로 이런 저런 이야기를 한 후 본론으로 "권사님이 복권에 당첨된다면 어떻게 하겠습니까?"라고 물었다. 그 말을 듣자마자 권사님이 "내가 복권을 타면 그 절반을 목사님께 드리겠습니다."라고 대답했다. 그 말을 들은 목사가 "억" 하고 심장마비로 죽고 말았다.

2008년 9월 25일
제주 샤인빌 합신 총회에서 설교 중
박헌성목사(미주한인교회 총회장)

웃음과 유전자

요즈음 유전자 연구가 활발하다. 그런데 인간의 유전자(게놈)가 95% 정도 잠자고 있다. 그런데 웃음이 일부의 유전자를 잠자는 상태에서 깨어나게 만든다. 유전자를 깨어나게 만들면 많은 질병을 예방할 수 있다. 웃음의 위력이 여기에 있다.

김정일 국방위원장의 한국 방문

김대중 대통령이 평양에서 북한의 김정일 국방위원장을 만났다. 두 사람의 약속은 다음번에는 김정일 위원장이 서울을 방문해서 정상회담을 갖기로 한 것이다. 그런데 김정일 위원장이 거의 10년이 지난 지금까지도 한국을 방문하지 못하고 있다. 그 이유는 자신의 안전을 고려한 결과이다. 왜냐하면 한국에는 "대포 차"(불법 명의 자동차)가 즐비하고, "총알 택시"(빨리 달리는 택시)가 사방에 널려있고, "대포 집"(간이 술집)이 이곳 저곳에 포진해 있고, 그리고 많은 한국 사람들이 너도 나도 잘 쏠 줄(쏜다: 한턱낸다) 알기 때문이다.

편저자 전언

이후로는 나를 괴롭게 말라

신학대학원에 입학하면 겨울 방학 동안에 헬라어를 배우고 일학년 첫 학기에 계속 헬라어를 배운다. 그런데 합동신학대학원에 1980년에 설립된 이래 여러 해 동안 박형용 교수가 헬라어를 가르쳤다.

흥미 있는 사실은 신학대학원의 각 학급마다 두드러진 특징을 가진 학급이 있다는 것이다. 합동신학대학원 제 5회 학급도 특성을 가진 학급이었다. 학구파들이 많이 있었다. 현재 5회 졸업생으로 합동신학대학원에서 교수로 봉사하신 분이 조병수박사, 정창균박사, 이승구박사가 있고, 에스라성경신학대학원대학교 교수로 봉사하는 조석민박사도 있다.

그러나 아무리 학구파가 있어도 헬라어를 배우는 일은 쉬운 과정이 아니다. 박형용교수가 지금 5회 학급이 헬라어를 배울 때 가끔씩 출석을 부르면서 대답을 헬라어 한 구절을 암송하여 답하도록 했다. 학생 중에 정명신이란 나이든 여학생이 있었다.

그런데 어느 날 박형용교수가 출석의 답을 헬라어로 하라고 하자, 정명신 학생이 갈라디아서 6장 17절을 암송했다. 그 내용은 "이 후로는 누구든지 나를 괴롭게 말라."

이다. 정명신 학생이 이런 답을 하자 반의 모든 학생이 그 뜻을 알고 크게 웃었다. 정작 그 뜻을 알아차리지 못한 사람은 박형용 교수였다.

2010년 1월 15일
조봉희목사 명예목회학박사 축하모임에서
정창균 박사 증언

5부

재치의 분수

큰 구경거리와 안경
(Spectacles)

아내: 안경이 무엇입니까?

남편: 안경은 사람들이 그것을 통해 보는 유리들입니다.

아내: 만일 당신이 창문을 통해 바라본다면 당신은 그것을 안경이라고 부르시겠습니까?

남편: 그것은 무엇을 보느냐에 달려 있습니다.

Wife: What are spectacles?

Husband: Spectacles are glasses that people look through.

Wife: If you looked through a window would you call it a spectacle?

Husband: It depends on what you saw.

편저자 박형용 번역

변화와 거스름돈 그리고 휴식과 나머지
(Change and Rest)

스콧: 나는 변화와 휴식을 위해 호텔에 갔었지.
팀: 너는 그것을 얻었니.
스콧: 아니, 호텔 안내원이 거스름돈은 챙기고 그 호텔이
　　나머지는 챙겼어.

Scott: I went to a hotel for a change and rest.
Tim: Did you get it?
Scott: The bellboy got the change and the hotel
　　got the rest.

편저자 번역

장로의 특권

장로가 됨으로 좋은 점은 무엇인가?

아무리 늙어도 장로가 되지 못하는 경우가 없고, 너무 늙어서 장로가 될 수 없는 경우도 없다.

What is the good part or fun about being an elder?

You are never too old to be an elder.

편저자 박형용 번역

열과 감기의 속도

(Heat or Cold)

질문: 열과 감기 중 어느 쪽이 빠른가?

답: 물론 열이지. 그 이유는 그대가 감기는 잡을 수 있기 때문이지(감기에 걸린다는 말의 직역).

Q. Which travels faster-heat or cold?

A. Heat....Because you can catch cold.

얼 굴

(Face)

엄마: 네 얼굴은 깨끗한데 네 손은 어찌 그리 더러우냐?

아들: 얼굴 씻느라 더러워졌어요.

Mother: Your face is clean, but how did you get your hands so dirty?

Son: Washin' my face.

무디를 무디 되게 한 주일학교 교사

무디(Moody)는 에드윈과 베시 사이에서 6번째의 아들로 태어났다. 그는 6명의 형제와 2명의 여동생이 있었다. 그의 부친은 무디가 다섯 살 되던 1841년 과로로 세상을 떠났다.

무디는 천성적으로 위트와 기지를 가지고 태어났다. 그는 장난을 몹시 좋아했다. 한번은 학교에서 연극 발표회가 있었는데 무디는 시저의 시체를 안고 온 안토니오의 역을 맡았다. 무디의 발표에 지방 행정관들과 교육위원회 임원, 교사, 학부모들은 숨을 죽였으며 큰 감동을 받았다. 그런데 마지막 상자(관)의 뚜껑을 여는 순간 그 속에서 고양이 한 마리가 뛰어나와 장내는 아수라장으로 변했다. 이는 무디의 계획된 장난이었다.

이런 성격의 소유자 무디가 보스턴(Boston)의 양화점 견습공 생활에서 생애의 방향을 바꾸게 된다. 양화점 주인 사무엘 아저씨가 일을 시켜 주는 대신 주일학교를 정규적으로 나가야 한다는 조건을 붙였다. 그는 열심히 일해서 「10만 달러를 저축하는 것」을 최고의 목표로 삼았으나 거듭남의 체험을 하고 주님을 위해 평생을 산 것이다.

케네디 대통령의 말솜씨

케네디 대통령은 두운법(Alliteration)을 잘 사용했다. "우리는 어떤 대가(price) 라도 치르고(pay), 어떤 부담(burden)이라도 짊어질(bear) 것입니다.

미국 대통령 John F. Kennedy

"안 비싸다" 전략

앰버서더 호텔을 개업하고 처음 홍보 할 때 "안 비싸다." 라고 홍보했다.

앰버서더 그룹회장 서정호
2003. 10. 3

자기소개서

자　세하게
기　업체에
소　용되는
개　인기를
서　술하다.

동아일보 2008년 4월 25일(금)

하나님 없는 교회
(Godless Church)

요즈음 사람들은 건강에 무척 신경을 쓴다.
그래서 가능한
소금을 적게 먹고(saltless)
설탕을 적게 먹고(sugarless)
지방질을 피한다(fatless).

그런데 교회는 하나님 중심적인 생각으로 활동을 해야 할 텐데 오히려 하나님 없는 활동을 한다(Godless).

편저자 박형용

6부

정보의 강

화이트헤드
(Alfred North Whitehead,
1861, 2, 15-1947, 12, 30)

화이트헤드는 영국의 수학자요 철학자이다. 그는 1880년 장학생으로 캠브리지 대학교(Cambridge University)의 트리니티 대학(Trinity College)에 입학하였다. 화이트헤드는 1884년 5월에는 “엘리트 토론 쏘사이어티”(Elite discussion society)인 아포슬스(“Apostles”)에 가입했다.

화이트헤드는 1891년 1월에 집필을 시작한 Treatise on Universal Algebra를 1898에 출판했다. 그리고 그는 버트란드 럿셀(Bertrand Russell)과 함께 1910~13년 사이에 Principia Mathematica를 공동 제작했다. 그리고 그는 1920년 중반부터 미국의 Harvard University에서 가르쳤다. 럿셀(Russell)은 불란서 학자 기세프 피노(Giuseppe Peano)의 영향을 받았고 그리고 1903에 “수학의 원리”(Principles of Mathematics)를 출판했다.

편저자 제공

중국인이 좋아하는 숫자와 의미

111　항상 1 등
333　오래 산다.
666　일이 아주 잘 풀린다.
777　재물 운이 좋다.
888　돈을 많이 번다.
999　좋은 일이 오랫동안 지속 된다.
168　나는 순조롭고 부유하게 살길 바란다.
169　나는 일이 계속 잘 풀리길 바란다.
518　나는 돈을 벌고 싶다.
8668 돈을 또 잘 번다.
516888　나는 순조롭게 돈을 많이 벌고 싶다.

동아일보 2006, 8월 9일자에서

노아 홍수의 세계적 영향

船- Boat, Eight, mouth. Noah's ark with 8 members of the family

信- Faith-a person verbalizing

시간 선용

시간을 어떻게 선용하는가?

제 1 세대 - 하루의 일과를 계획

제 2 세대 - 하루뿐만 아니라 미래 일까지 계획

제 3 세대 - Priority of time and issues

제 4 세대 - 인간관계 중요

Steve Covey

경상도 사투리

제가 “가”씨냐? 를 경상도 사투리로 악센트를 넣어 “가가 가가가”라고 한다.

제주도 방언

느영 나영 두리둥실 사랑 호게 마씸
(너하고 나하고 둘이 둥실 사랑합시다.)

섭지코지를 초좌줭 고맙수다.
(섭지코지를 찾아주어서 고맙습니다.)

무사마심 경고람 수광
(무슨 말씀을 그렇게 하십니까?)

설교 도중 소천하신 아놀드 목사

아놀드 목사(Rev. Jack Arnold)는 설교하다가 소천하기를 소원했다. 그런데 그의 소원대로 아놀드 목사는 2005년 설교 도중 하나님의 부르심을 받았다.

Rev. Jack Arnold(1935-2005)

인간의 타락

New York Greenwich Village에 Church of Ascension이 있었는데 현재는 팔려서 gay right people을 위해 sex club으로 사용되고 있다. Greenwich에만 190개의 sex club이 있다.

Scot Sherman의 간증에서, 1995년

동성연애자의 올림픽

1994년 gay olympic이 Greenwich Village에서 있었다. 전 세계적으로 200,000 Homosexual이 모여서 경기를 했다.

알아서 좋은 통계

인간 뇌 세포 5000억개 인간 몸 전체 33조개

사람의 머리털이 하루에 40-50개 빠진다.

MEGO debate
My Eyes Glaze Over

Nimby debate
Not In My Back Yard

1995년 미국의 한인교회 3500교회

(1995.10월)
U.S debt 4 Trillion dollar(4,000,000,000,000)
U.S. Government pays 8 million dollars an hour. None of you borrowed, but everybody pays for it. (1995.6.16. S.F.S. 졸업식)

1992년 6천만 기아로 사망

1992, 1993, 1994 3년간 한국 교수 30000명 중 78% 책 쓰지 않음, 14% 논문 내지 않음

Bill Bright
40일 금식기도 했다. 이는 한국 성도들의 기도(금식기도)를 본받아 행한 것이다.

****
1998년 6월 현재 한국은
Energy 소비 세계 1위
석유 소비 세계 6위
에너지 해외 의존도 97%

미국 달라
100만불당 9불이 위조지폐
1불, 5불 지폐 18개월 수명
50불, 100불 8년-10년 수명

7734 - 거꾸로 보면 Hell이 된다.

김우중 회장

"시간을 아껴라 그러나 땀과 눈물은 아끼지 말라"

- 1998년 현재 대우 세계 24위, 한국 2위 -

빌 게이츠(Bill Gates)의 리더십

1. 현려(賢慮) 리더십
2. 솔선수범형 리더십
3. 현장중심형 리더십
4. 생각하는 리더십

김정일의 말
(북한 말)

일본새-근무자세

이악하게-악착스레

불 알-전구

긴 불 알-형광등

떼 불 알-샹들리에

(김일성의 삶(1912-1994. 7.8. 2:00AM)

수표하지 않았다-자기 손으로 표시(sign)하지 않았다.

속궁냥-마음속으로 하는 궁리 혹은 계획

우뚤거리길-우쭐하며 까불길

돈자리-은행구좌를 가리킴

남한 정치가들에 대한 북한 권력자들의 평가

노무현(대통령) - 지능적인 거짓말쟁이

김대중(대통령) - 영양가 없는 훈수꾼

이해찬(국무총리) - 폐기 대상 대선카드

정동영(열린우리당 의장) - 선물 줄 수 없는 사람

이종석(통일부 장관) - 아마추어 학자일 뿐

동아일보, 2007년 7월 5일(목)
권오홍(47세, 대북사업가)씨 전언

중국에서 이(李)씨는 몇 명

98년 7월 중국 李씨는 1억 명쯤 된다. 이들을 한 줄로 세우면 세계를 한 바퀴 반이나 돌게 된다.

1표의 위력

- 1645년 1표로 Oliver Cromwell이 영국의 권력을 잡게 됨
- 1649년 1표로 영국의 Charles Ⅰ세가 교수형 당함
- 1776년 1표로 미국이 독일어 대신 영어를 사용하게 됨
- 1825년 1표로 John Quincy Adams가 미국 대통령이 됨
- 1845년 1표로 Texas가 미연방에 속하게 됨
- 1868년 1표로 Andrew Johnson 미국 대통령이 탄핵받지 않음
- 1875년 1표로 불란서가 왕정 통치에서 공화국으로 바꾸어 짐
- 1876년 1표로 Rutherford B. Hayes가 미국 대통령이 됨
- 1923년 1표로 Adolf Hitler가 Nazi당의 당수가 됨
- 1941년 1표로 Selective Service가 그대로 존속됨-Pearl Harbor가 일본의 공격을 받기 몇 주 전에 그렇게 결정함
- 1993년 10월 1표로 예원교회에서 박형용 목사의 후임으로 김병훈 전도사 초청하는 일이 부결됨
- 1994년 11월 13일 1표로 김석만 목사의 예원 교회 담임 목사 초빙을 부결(42:22)

- 1994년 11월 15일 1표로 독일 콜 총리 하원에서 4선 총리로 인준됨(672표 중 338표로 당선)
- 1998년 6월 06일 충주시 의회 의원 선거에서 이승의 후보가 990표를 얻어 989표로 얻은 윤범로 후보를 누르고 당선됐다.
- 1998년 6월 06일 청원군 의회 문의면 선거구에서 장원재 후보가 1167표를 얻어 1166표를 얻은 김영근 후보를 누르고 당선됐다.

전남 화순군 기초의원 선거에서 다음과 같은 일이 있었다.

안복수 후보(62) 980표
양동복 후보(51) 973표

재검후
안복수 후보(62) 975표
양동복 후보(51) 975표
연장자 순의 법칙으로 안복수 후보가 당선되었다.

1998년 6월 4일 지방자치선거에서 1표의 위력이 과시되는 일이 있었다.

충북 충주시 의회에서 처음에는
이승의(현 시의원)가 987표를 얻고,
윤범로 후보가 988표를 얻었다.
재검표 후 (3시간동안)
이승의 후보가 980표를 얻고,
윤범로 후보가 989표를 얻어 당선되었다.

충북 청원군 의회 문의면 선거구에서도 1표의 위력이 과시 되었다.
장원재(현의원)후보가 1166표를 얻고,
김영근 후보가 1166표를 얻었다.
재검표 후
무효표 81표 중 1표가 장 후보의 유효표로 계산되어
장원재 후보는 1167표를 얻고,
김영근 후보는 1166표를 얻었다.
결국 장원재 후보가 당선되었다.

2006년 월드 컵 개최 국가를 정하는데 3차 투표까지 갔다. 독일이 3차 투표 끝에 12대 11로 승리했다. 원래는 남아공이 유리했으나 FIFA 집행위원 24명 중 12명은 독일을 지지하고 11명은 남아공을 지지했다. 한 표의 위력이다.

대도 조세형(54세, 1998년 6월)씨의 "도둑 철학"

1. 외국인 집은 털지 않는다.
2. 어려운 사람 물건은 훔치지 않는다.
3. 판사, 검사의 집은 털지 않는다.
4. 무기를 사용하지 않는다.
5. 훔친 물건의 30~40%는 남을 돕는데 쓴다.

그는 "그렇게 돕는 것이 과연 옳으냐"는 검사의 추궁에 "성경을 읽기 위해 촛대를 훔치는 것이 나쁘다는 생각을 교도소에서야 하게 됐다"고 후회했다. 그런데 2001년 조세형은 일본에서 좀도둑으로 체포됐다.

공룡 인간

세상에서 가장 무거운 사람은 우크라이나에서 사는 바실 야노프(48세, 1999년)이다. 그의 몸무게는 450Kg이며, 그의 허리둘레는 2m 63cm나 된다. 그는 몸이 너무 비대해 지난 4년 동안 외출을 하지 못했다.

AP 연합 제공

5차원 교육

1. 마음 개발
2. 체력 향상
3. 교육 방법
4. 자기 관리
5. 인간 관계

선교한국 참석자 및 헌신자

1988년 (664명 참가, 427명 헌신)
1990년 (1,800명 참가, 1,223명 헌신)
1992년 (3,500명 참가, 1,404명 헌신)
1994년 (4,600명 참가, 2,146명 헌신)
1996년 (6,300명 참가, 3,466명 헌신)
1998년 (5,642명 참가, 3,934명 헌신)
2000년 (6,066명 참가, 3,446명 헌신)
2002년 (5,147명 참가, 3,306명 헌신)
2004년 (5,233명 참가, 3,583명 헌신)
2006년 (5,709명 참가, 3,492명 헌신)
2008년 (5,070명 참가, 2,662명 헌신)
2010년 (3,975명 참가, 2,408명 헌신)

선교한국 한철호 목사 제공

좋은 부부 관계

Manner(태도)

Mood(분위기)

Mind(마음)

Mouth(말솜씨)

Mask(얼굴모양)

Money(돈)

노인 수용소

노인 수용소가 가장 많은 지역

부산, 제주도

신재철 목사(덕절리 예촌교회)

한국동란의 결과

한국전(1950-53)에서 희생당한 미군의 수 33,642명

독도는 우리 땅

독도의 우편번호
799-805

하루 동안의 인체 분비물 양

콧물 - 1.0L
침 - 1.3L
위액 - 2.0L
담즙 - 0.8L
췌액 - 1.3L
소변 - 1.5L

가정 폭력 예고 증상

1. 남편이 폭력적 가정에서 자라났는가?
2. 남편이 문제 해결을 위해 힘이나 폭력을 쓰려고 하는 경향이 있는가?
3. 남편이 술이나 다른 약물을 남용하는가?
4. 남편이 남자는 어떻게 해야 하고 여자는 어떻게 해야 한다는 등 전통적 견해에 집착하는가?
5. 남편이 아내의 친구관계에 대해 시기하는가?
6. 남편이 총이나, 칼과 같은 흉기를 소지하고 있는가?
7. 남편이 명령과 권고를 따르라고 고집하는가?
8. 남편의 감정변화의 폭이 큰가?
9. 남편이 화를 낼 때, 그를 두려워하는가? 남편의 화를 잠재우는 일이 주요 일과 중의 하나가 되었는가?
10. 남편이 당신을 거칠게 다루는가? 남편이 당신이 하기를 원치 않는 일을 강제로 하게 만드는가?

The National Coalition Against Domestic Violence

돈으로 환산한 인간 몸의 가치(2억 8000만원)

신체가 죽어 가는 생명을 되살리기 위한 장기이식이라는 신체 기증자들의 본래의 뜻과 달리 성형수술용으로 4배나 더 많이 쓰이고 있다고 인디펜던트 온 선데이가 7일 보도했다.

이 신문은 미국 내에서 이 같은 인간신체 거래규모는 매년 수 억 달러에 달한다며 인간신체의 가격은 7만 파운드(일 억 4000만원), 뼈까지 포함된 경우는 그 배가 된다고 전했다. 펜실베니아 대학 생체윤리센터의 아서 카플란 교수는 “신체를 기증한 사람들은 자신의 신체 조직이 그램 당 또는 온스 당 가격이 다이아몬드와 같은 제품으로 가공된다는 사실을 모를 것”이라고 말했다.

미국에서 지난해 2 만 명의 신체가 이 같은 목적으로 사용됐으며 이는 장기이식을 위한 경우의 4배에 이르는 것이라고 이 신문은 말했다. 인간신체로부터 가공된 제품의 가짓수는 650개에 이르고 있으며 인간신체 하나가 100명의 환자들에게 재료를 제공하고 있다.

2000. 5. 8(월) 국민일보

"상아탑"의 기원

19세기 프랑스의 문학 평론가 상트 뵈브 (Sainte-Beuve: December 23, 1804-October 13, 1869)가 현실에 초연했던 시인 알프레드 비니를 상아탑 안에 스스로를 가둬두고 살았다고 평 한데서 시작됨.

편저자 박형용

라벨 벗겨 내려면

병에 붙어 있는 라벨을 깨끗하게 벗겨 내려면 우유를 발라준다. 그래도 접착제가 남아 있을 때는 밀가루를 두껍게 발라 칼로 긁어준다. 깡통일 경우는 양파로 문지르면 잘 벗겨진다.

중국 정부에서 3자 교회에 하달한 내용

1. 부활교리를 가르치지 말 것
2. 재림교리를 가르치지 말 것
3. 예수로만 구원받는 교훈을 가르치지 말 것
4. 선행구원을 가르칠 것
5. 고후 6:14-18(불신자와 멍에를 같이하지 말라)의 교훈을 가르치지 말 것
6. 성찬식 거행할 때 종교국의 허락을 받을 것

* 현재 3자 교회 내에 성직 매매가 심한 실정

2000. 8월

그릿츠와 성경

미국 남부지역에서 아침식사로 먹는 그릿츠(Grits) 라는 음식이 있다. 그릿츠는 옥수수를 굵은 가루로 만들어 죽처럼 익혀 먹는 음식이다. 그런데 성경에도 그릿츠가 있다. New American Standard Bible(NASB)가 레위기 23:13에서 Grits 라는 단어를 사용했다.

편저자 박형용

결혼 상대의 자격

A. Ability(능력)

B. Beauty(미)

C. Character(성격)

D. Degree(학위)

E. Economy(돈)

돈키호테

돈 - 돈 있는 사람

키 - 키가 큰 남자

호 - 호탕한 사람

테 - 테크닉이 좋은 사람

신재철 목사(인천 초원 교회)

고등종교의 타락 이유

1. 성직자 수의 급증
2. 종교 기관수의 급증
3. 기복주의 성향
4. 교회 및 교회 기관 권익 집단으로 전환

이재철 목사 설교 중

80년대의 풍자

시위대 맨 앞 쪽 - 주동세력

시위대 중앙 - 핵심세력

시위대 뒤쪽 - 배후세력

시위대 왼쪽 - 좌익세력

시위대 오른쪽 - 우익세력

구경만 하면 - 묵시적 동조 세력

앉아서 구경만 하면 - 좌경세력

각 도의 이름과 도시들

전라도 - 전주와 나주의 준말
(1917년 전북, 전남으로 분리)
경상도 - 경주와 상주의 준말
충청도 - 충주와 청주의 준말
강원도 - 강릉과 원주의 준말
평안도 - 평주와 안주의 준말
함경도 - 함흥과 경흥의 준말

리더 격인 인간의 6가지 유형

1. 보스형 : "지시를 잘 따르는 부하가 최고"라고 생각함.
2. 인기추구형 : "좋은 게 좋은 거지"라고 생각하며 점수 팍팍 준다.
3. 감정의존형 : "성과보다 평소 호불호가 더 중요하다"고 생각함.
4. 눈치형 : "딴 부서 하는 거 지켜보고 하지"라고 생각함.
5. 조정자형 : "등수부터 매기고 점수 조정해야지"라고 생각함.
6. 갈등회피형 : "점수 때문에 시끄러운 건 싫어"라고 생각함.

역대 대통령의 평가

이승만 - 권력욕 - 거짓 가득한 정략가

박정희 - 모든 일 자기 뜻대로 추진

전두환 - 아웅산 사태 이후 독단에 빠져

노태우 - 말해 놓고 막상 실천 못 옮김

김대중 - 자신감 지나쳐 조언 무시

"역사의 언덕에서"
강원용 평화포럼 이사장

국민 타자 이승엽

2003. 10. 2에 왕정치(일본)가 세운 55개 한 시즌 최다 홈런 기록을 39년 만에 이승엽 선수가 대구 구장에서 제 56호 홈런을 침으로 깼다.

한 시즌 최다 홈런 아시아 기록이 새롭게 세워졌다.

편저자 박형용

이민자의 어머니

1886년 10월 28일 '자유의 여신상' 제막식이 열렸다. 여신은 오른손에 횃불을, 왼손에 미국 독립일인 '1776년 7월 4일'이 적힌 명판을 들고 미국 뉴욕 항 입구 베들로 섬(리버티섬)에 우뚝 섰다. 1884년 7월 프랑스에서 제작된 여신상은 1885년 6월 해체된 후 '이제르'호에 실려 뉴욕에 도착했다. 1886년 받침대가 완공됐고 4개월간 조립 과정을 거쳐 제막식이 거행됐다. 여신이 딛고 선 받침대에는 '너희 지치고 가난한 사람들을/자유롭게 숨쉬기를 갈망하는 무리들을/혼잡한 해안에 지쳐 쓰러진 가엾은 족속들을/머물 곳 없이 폭풍에 시달린 이들을 나에게 보내다오/나는 황금빛 문 옆에 서서 횃불을 높이 들리라'는 시가 새겨져 있다.

여신은 지친 사람을 넉넉히 품을 만큼 크다. 횃불 끝까지 더한 여신상의 높이는 46m. 머리 부분의 길이만 8.5m에 이른다.

자유의 여신상이 처음 구상된 것은 1865년. 프랑스 진보적 정치인들은 미국 독립 100주년을 맞아 동상을 선물하기로 했다. 이들은 미국을 '모든 인간은 평등하며 자유와 행복을 추구할 권리가 있다'는 이념을 바탕으로 세운

모델 국가로 여겼다.

여신상의 원래 이름은 '세계를 밝히는 자유'. 군주제와 싸우고 있는 유럽을 계몽의 길로 이끈다는 의미였다.

19세기 후반 이탈리아 폴란드 러시아 등 여러 나라 사람이 궁핍과 종교적 박해를 피해 미국으로 건너왔다. 항해 도중 10% 정도가 숨지는 고난의 여정을 거쳐 뉴욕 항에 도착한 이민자의 눈에 처음 들어오는 것이 여신상. 그래서 여신상은 '민주공화제'보다 '이민자의 어머니'로 상징이 바뀌었다.

김승진 기자

2003년 10대 이슈
(한가연)

1. 로또 열풍과 중독

매주 100억 넘는 거금이 주어지는 로또 복권은 그리 안 해도 한탕주의가 드센 한국 사회에 기름을 퍼부었다. 그런데 '돈벼락'이 행복의 시작이 아니라 오히려 파멸의 시작일 수도 있다는 생각을 가져야만 한다.

2. 이혼율 47.4%의 시대

통계청이 지난 2003년 3월에 발표한 우리나라의 이혼율이 47.4%이다. 2002년의 42%에 비해 무려 5% 넘는 급증세를 보이고 있으며, 이는 OECD국가 중 2위에 해당된다. 지역별로는 인천이 3.8쌍으로 가장 높았고, 경북(2.4쌍)이 가장 낮았다. 아마도 2004년에 발표될 2003년의 이혼율은 50%대를 넘지 않을까 예상된다. 이 추세로 간다면 늦어도 2008년, 빠르면 2005~2006년이면 능히 미국을 추월할 것으로 예상될 정도이다. 한마디로 터가 무너지는 세상에 우리는 살고 있는 것이다.

3. 호주제 폐지 시비

한국 가족제도의 근간을 이루는 호주제는 과연 폐지될 것인가? 여성계를 중심으로 호주제 폐지를 강력히 요구해 온 결과 법무부가 호주제 폐지 법안을 만들어 우여곡절 끝에 국회에 상정하였으나 아직까지 눈치만 보고 있는 상태이다. 개정안으로 제출된 법안을 보면 기존의 가족제도에 획기적인 변화를 가져 올 내용들이 가득하다.

4. 동거 열풍

옥탑 방 고양이, 스크린 등의 드라마와 영화 등을 통해 젊은 세대들의 코드로 본격 등장한 동거문화, 이전까지 쉬쉬하던 풍조였다면 올해 들어 대중 매체들의 본격적인 낭만적 조명으로 커밍아웃 시대에 접어들었고 동거는 필수라는 말까지 등장하게 되었다.

5. 동성애와 스와핑

한마디로 성 윤리가 막가고 있다. 스와핑 충격은 엄청난 파장을 일으켰다. 그 회원만도 6,000여 쌍이라고 하니 그 심각성을 어찌 다 형언할 수 있으랴! 그래서인가? 한때 인터넷 검색 사이트에서 최대 검색 단어가 스와핑이 오를 정도로 엄청난 관심을 끌었다.

6. 자살 신드롬

2003년 올해 같이 자살이라는 단어가 신문 지면을 많이 장식한 해도 없었다. 현재 매일 38명 정도가 자살하는 사회. 현재 우리나라의 자살자는 교통사고 사망자보다 많다고 한다.

7. 불륜 전성시대

전체 상담의 80~90%가 외도 상담으로 채워지고 있다. 어느 TV에서 방송되었던 '앞집 여자'라는 드라마에서 나오는 대사들은 얼마나 선정적인지 모른다. 그야말로 도처에서 '바람' 열풍이다. 도덕률의 마지노선은 하루가 다르게 붕괴되고 있다.

8. 아동학대와 가정 폭력

보건복지부와 중앙 아동 학대센터가 내 놓은 아동학대 보고서에 따르면 아동학대 신고건수가 전년에 비해 13% 정도가 늘어났으며, 대부분(80%)이 부모인 것으로 나타나 충격을 주고 있다.

9. 출산율 저하, 아이 안 낳는 사회

국내 신생아수가 지난 1940년 공식 집계 이후 처음으로 50만 명 아래로 떨어져 국가 기본 체제를 유지하기 위한 특단의 출산 장려책이 시급해 졌다. 통계청에 따르면 우리나라의 2002년 출생아 수가 49만 5천명, 출산율은 1.17명으로 세계 최저였다. OECD국가 평균은 1.6명이다.

10. 제왕 절개율 최고의 나라

올해 발표한 2002년의 제왕 절개 비율은 38%이다. 이 비율은 세계보건기구가 보는 적정 수준인 5-15%를 몇 배나 뛰어넘는 수치. 제왕 절개가 산모나 아이에게 주는 심각성을 생각한다면 의사들도 윤리 의식을 회복해야 하며, 산모들 역시 제왕 절개에 대한 문제의식을 가져야 할 때가됐다.

The Origin of Epiphany

The coming of the Magi is traditionally celebrated on January 6th-twelve nights after Christmas. From the year 567 A. D. until the 17th century, people feasted all twelve of those days. The song, "The Twelve Days of Christmas" had its origin in this feast. The greatest celebration was traditionally reserved for the last night...the night known as "Epiphany," a Greek word meaning "appearance." This feast marks the appearance of God on earth in the person of Jesus Christ.

경찰관을 왜 영어로 Cops 혹은 Coppers라고 부르는가?

캅(Cop)은 라틴어 Capere(to take)에서 왔다. 그리고 중세기에 캅(Cop)이라는 영어가 쓰이기 시작했는데 그 뜻은 "to grab"(붙잡다) "to capture"(체포하다), "snatch something"(무엇을 낚아채다)이었다.

그래서 범인이 상점에서 어떤 상품을 cop(집어가다, 도둑질하다)할 수 있고, 경찰이 범인을 cop(붙잡다, 체포하다)할 수도 있다.

Brewer's Dictionary of Phrase And Fable

한국인과 무대체질

한국인에게는 많은 장점이 있다. 한국인은 다른 나라 사람들과 경쟁할 때 모든 분야에서 우월성을 드러낸다. 한국인은 혼자는 잘하지만 함께는 잘하지 못한다. 그런데 2002년 월드컵 축구시합에서 한국인의 무대체질이 역력하게 드러났다. 한국과 파라과이가 싸울 때 수많은 사람들이 밤샘응원을 했다. 월드컵 축구 시합 때 서울 시청 앞에서 수 십 만이 함께 모여 열광적인 응원을 한 것은 무대체질의 발로이다.

한국인은 자동차를 자주 교체한다. 외국의 경우는 자동차를 하나 구입하면 일반적으로 10년 이상 타고 다니는데 한국인의 경우는 4년 내지 5년이면 새 자동차로 바꾼다. 이는 자신을 나타내 보이려는 무대체질의 일환이 아닌가 생각된다. 이 사실은 한국인의 삶 속에 깊이 뿌리내리고 있는 체면을 중시하는 생각과 관련이 있다. 한국인은 사실 이전에 체면을 중하게 생각한다. 이것도 자신을 타인에게 잘 보이려는 무대체질과 관련이 있다고 생각된다.

한국인은 무대 체질이다. Red Devils가 그렇고 촛불시위가 그렇다. 한국말의 "신바람"이란 말이 한국인의 무대체질을 증거 한다.

편저자 박형용

세브란스병원의 기원

1884년 한국에 온 최초의 선교사 앨런은 목사가 아니라 의사였다. 그는 정부의 도움으로 한국 최초의 서양식 병원인 광혜원을 세웠다. 그러나 세월이 흐르자 이 병원에 대한 정부의 간섭과 병원을 주관하는 관리들의 부패가 심해져서 원성이 컸다. 결국 선교사들은 재산권과 운영권을 자신들에게 넘겨주지 않으면 철수하겠다고 통보했다. 오랜 협상 끝에 정부는 선교사들의 주장을 받아들였다.

당시 병원 책임자는 캐나다인 에비슨 박사였다. 1893년 우리나라에 온 그는 병원 발전을 위해서 혼신의 노력을 다했다. 그는 병원의 수준을 높이려고 애썼다. 에비슨이 처음 도착했을 때 병원은 한국식 단층 건물로 12.5평 크기였다. 그는 설계사에게 부탁하여 40명의 환자를 수용할 수 있는 현대식 병원을 설계토록 했다. 비용은 1만 달러 정도가 소용될 예정이었다.

1900년 봄 에비슨은 뉴욕 카네기홀에서 열린 초교파 해외선교대회에 참석, 병원에 대해서 연설을 하게 되었는데 청중이 너무 많아서 겁을 먹었다. 그래서 두 번째 발코니 맨 뒤에 앉아있는 사람에게 시선을 고정시키면서

'저 사람이 들을 수 있다면 다른 사람들도 알아들을 수 있을 것'이라고 생각했다. 그 사람이 바로 스탠더드 석유회사의 지배인이던 세브란스였다.

연설이 끝나자 세브란스는 에비슨을 찾아 와서 계획에 대해 자세히 물었다. 에비슨은 이미 설계도까지 만들었다고 말했다. 세브란스는 다시 한 번 감명을 받았다. 얼마 후 세브란스는 1만 달러를 기부하겠다고 밝혔다.

이 문제에 대해서 선교부에서는 논란이 많았다. 병원을 짓는데 너무 큰돈을 허비한다는 주장이 있었고 작은 병원 여러 개를 짓는 것이 낫다는 주장도 있었다. 하지만 에비슨은 인내를 가지고 기다렸다. 결국 선교부는 이 계획에 동의했다. 1902년 세브란스의 기부금과 기존 병원 판매 대금을 합쳐서 서울역 맞은편에 병원을 짓기 시작하였다. 마침내 1904년 11월 세브란스병원이라는 이름으로 개원하였다. 한국 최고의 병원 세브란스는 한 의료선교사의 비젼과 헌신적인 기독인 사업가의 헌금으로 이뤄졌다.

서울신대 신학대학원장 박명수 교수

새 천년과 성실성

내년은 2000년이다. 2000년도 여느 해나 다름없이 같은 한 해이지만 2000이라는 숫자 때문에 많은 관심의 대상이 된다. 그래서 많은 모임의 주제들이 "21세기", "새 천년", 등을 포함시켜 만들어지곤 한다. 게다가 2000년은 영이 셋이 붙어 있어서 컴퓨터 인식과 관련하여 예상된 Y2K 문제 때문에 세상 사람들의 관심을 끌기에 충분하다. Y2K 문제는 세계적으로 정치, 경제, 사회, 군사적인 면에서 심각한 문제를 야기할 수도 있다. 그래서 국가마다, 회사마다, 단체마다 이 문제를 소홀히 하지 않는다. 이제 2000년을 약 4개월 남겨 놓고 있다. 약 4개월 후면 새 천년이 시작되고, Y2K 문제가 우리를 괴롭힐 수도 있고, 그리고 더 이상 19만 인쇄되어 있는 용지에 두개의 숫자를 붙여 년도 표시를 할 수 없는 새로운 해가 도래한다.

그러면 신앙인들은 2000년을 어떻게 맞이해야 할 것인가? 필자는 이런 생각을 해 본다. 앞으로 4개월 후 1999년 12월 31일과 2000년 1월 1일 사이에 무슨 차이가 있을까? 2000년 1월 1일 아침 식사는 제대로 할 수 있을까? 우리들은 예수님이 재림하시지 않는 한 전날과 큰 차이 없는 새해 아침을 맞이하게 될 것이다. 이곳저곳에서 약간의 불편은 있을 수도 있겠지만 우리들의 일상생활은 전 날에 비해 큰 차이가 없을 것이다. 결국 우리에게 필요한 것은 성실성이다.

2000년이면 합동신학대학원대학교가 설립된 지 20년이 되는 해이다. 처음에는 합동신학원(1980~1985)으로 다음에는 합동신학교(1985~1997)로, 지금은 합동신학대학원대학교(1997~현재)라는 긴 이름이 우리들을 대표한다. 그 만큼 세상이 변했고 시간이 흘렀다는 뜻이다. 20년이란 연륜을 가진 합동신학대학원은 새천년을 내다보면서 우리가 얼마만큼 성실했는지 물어야 할 것이다. "맡은 자들에게 구할 것은 충성이니라"(고전 4:2). 이사님들은 맡은 소임에서, 교수들은 가르치는 일에서, 직원들은 매일 매일의 업무에서, 졸업생들은 일선 목회 현장에서, 학생들은 공부하는 일에서 얼마나 성실했는지 물어야 한다. 합동신학대학원이 시작될 때 바른 신학, 바른 교회, 바른 생활이란 세 가지 교육이념을 내세웠다. 앞으로 우리는 우리가 "바르다"고 주장하는 바른 신학, 바른 교회, 바른 생활이 아니라 다른 사람들이 인정하는 바른 신학, 바른 교회, 바른 생활을 실천해야 할 것이다. 지금부터 30년이 더 지나고 합동신학대학원이 50주년을 맞이할 때 하나님의 인정을 받고, 다른 사람들의 인정을 받는 신학교가 될 수 있도록 우리 서로 성실하게 노력했으면 한다.

1999년 편저자 박형용

동물 중 유일하게 아빠가 출산 '해마'

하나님은 여자에게 임신과 출산을 맡기셨다. 이는 사람 뿐 아니라 모든 동물에 적용된다. 그런데 출산을 수컷이 하는 동물이 자연계에 존재한다. 바로 바다에 사는 '해마'다.

보통 새끼손가락 길이만한 해마는 짝짓기 철이 되면 암컷과 수컷은 서로 마주보는 자세로 꼬리를 서로 뒤엉킨 채로 바다 속을 오르내린다. 이 때 수컷 몸통의 정 중앙부에는 속이 들여다보이는 주머니가 누렇게 부풀어 오른 채로 열려 있다. 수컷은 암컷에게 이 부분을 잘 보여 암컷의 마음에 들게 해야 한다. 이곳이 암컷으로부터 알을 받아 키우는 장소이기 때문이다.

암컷이 수컷과 함께 바닥과 수면을 오가며 블루스(?)를 추는 동안에 수컷 주머니를 유심히 살펴본다. 그러다가 마음에 든다 싶으면 수컷 주머니 속에 1~2시간 동안 총 2,000여 개의 알을 내뿜는다. 그러면 수컷 해마는 춤을 추던 꼬리를 풀고 주머니 입구를 닫아 2~3주 동안 알을 품고 있으면 새끼들이 알에게 깨어나 배 밖으로 나올 채비를 한다. 이 임신 기간 동안에는 암컷이 매일 아침 수컷에게 문안 인사차 찾아와 부부금실을 과시한다.

이윽고 출산 시간이 되면 수컷은 50시간이나 해산의 고통을 겪어야 한다. 수컷은 일정 시간 간격으로 새끼를 주머니 밖으로 뿜어내는데 수 mm에 불과한 새끼들은 밖으로 나오자마자 조그만 미생물들을 잡아먹기 바쁘다. 수컷이 출산을 마치면 녹초가 되어 바다 풀 위로 드러눕고, 그 사이 암컷은 다음 출산을 위해 영양보충을 하기에 여념이 없다.

한편 이들 부모 해마는 자신의 새끼를 돌보지 않는 습성 때문에 막 태어난 새끼들은 스스로 험난한 인생 여정을 헤쳐 나가야 한다.

미래한국, 2005. 3. 26(토)
서교현 기자

42세에 장로 된 3대

김은홍 장로 42세

김응린 장로 42(1964, 5, 12)

김리훈 장로 42(2002)

할아버지, 아버지, 손자가 모두 42세에 장로 장립을 받으셨다.

편저자 박형용

"학살 인정 땐 제국에 불이익 '저항해서 살육'으로 꾸미자"

아사히 신문 보도

1919년 3.1운동 당시 일본군이 저지른 제암리 집단 학살사건을 조선군사령부(당시 한반도에 주둔한 일본군 사령부를 뜻함)가 철저히 은폐했음을 보여 주는 사령관의 일기가 발견됐다.

일본 아사히신문은 3.1운동 당시 조선군사령관이던 우쓰노미야 다로(宇都宮太郎·1861-1922) 대장이 남긴 15년 분의 일기가 발견됐다고 28일 보도했다.

작성자 사후 80여 년 만에 봉인이 풀린 일기에는 제암리 사건의 은폐 전말과 독립운동 진압 실태, 일본의 민족운동가 회유 과정이 상세하게 기록돼 주목된다.

1919년 4월 15일 '제암리 사건'이 일어나자 우쓰노미야 대장은 '서울 남방에서 일본군이 약 30명을 교회에 몰아넣고 학살, 방화했다고 썼다. 그러나 일본군은 사건을 발표하면서 학살 방화 사실을 부인했다.

그 이유는 4월 18일자 일기에 나온다. "(사실대로 처리하면) 제국의 입장에 심히 불이익이 되므로" 간부회의에서 "저항했기 때문에 살육한 것으로 하고 학살 방화 등은 인정하지 않기로 결정하고 밤 12시에 산회했다"는 것.

이튿날 일기에는 "사건에 관여한 중위를 진압 방법과 수단이 적정치 않았다는 점에서 30일간 중(重)근신에 처하기로 결심했다"고 적었다. 이 신문은 실제로 해당 중위에게 30일간의 근신처분이 내려진 사실이 있다고 확인했다.

일기에 따르면 우쓰노미야 대장은 당초 조선 민중의 저항에 나름대로 이해심을 가졌던 것으로 보인다. 3·1운동이 시작되자 우쓰노미야 대장은 일본이 펼쳐온 '무단통치' 방식을 비판하며 "조선인의 원망과 한탄 동요는 자연스러운 일"이라고 일기에 적었다. 그는 독립운동은 기독교도와 천도교도, 학생 등이 주도해 외국인 선교사의 후원을 받아 봉기한 것으로 뿌리가 깊다고 분석하며 '무단 통치'가 "내키지 않아 하는 처녀를 무리하게 결혼시킨 것과 같다"고 비판했다.

그러나 소요가 갈수록 확산되자 그는 "지금까지의 진압수단으로는 도저히 대처할 수 없다"고 판단하고 3월 11일 하세가와 요세미치(長谷川好道) 조선총독에게서 군 동원을 허가받아 진압을 시작했다.

한편으로 일기에 우쓰노미야 대장이 훗날 조선총독 사이토 마코토(齊藤實) 시대에 진행된 '문화 정치' 시책을 한 발 앞서 시작한 사실도 나타난다.

그는 3·1운동 와중에 천도교에 대한 회유를 제안하고(1919년 3월 20일), 장차 조선에 '자치'를 허용해 '자치식민지'로 만들어야 한다고 본국에 진언하기도 했다(5월 1일 육군대신 다나카 기이치·(田中義-에게 보낸 서한). '배일파(排日派)로 알려진 조선인과의 접촉에도 적극적으로 나섰다(1920년 2월 20일, 4월 9일).

우쓰노미야 대장이 남긴 사료는 일기 15권외에도 서한 약 5000통과 서류 약 2000점, 사진 약 200점 등 7200여 점에 이른다.

* 제암리 학살사건 : 1919년 4월 15일 일본 군대가 경기 수원군(지금의 화성시) 향남면 제암리에서 주민 30여 명을 제암리 교회에 몰아넣고 집단 학살한 사건. 출입문과 창문을 모두 잠그고 총을 쏴 학살한 후 증거 인멸을 위해 교회에 불을 질렀다.

2007.3.1 동아일보
도쿄=서영아 특파원

전쟁으로 사망한 각 나라 사람 숫자

미국인

남북전쟁(Civil War)	500,000명
World War I	260,000명
World War II	400,000명
Korean and Vietnam War	100,000명
Nuclear War(예상)	140,000,000명

소련인(러시아인)

World War I	3,700,000명
Civil War(1918)	8,000,000명
World War II	20,000,000명
Nuclear War(예상)	113,000,000명

유럽인

World War I	6,100,000명
World War II	5,800,000명
Nuclear War(예상)	100,000,000명

7이 7개가 나란히

사람들은 행운을 좋아한다. 그래서 7자를 좋아하고 7자가 여러 개 붙어 있으면 더욱 좋아한다. 그래서 2007년 7월 7일을 "행운의 777데이"라 부른다. 바로 이날 믿기 어려운 희한한 일이 벌어졌다. 울산 울주군 삼동면에 위치한 보라컨트리클럽에서 "행운의 777데이"에 이모(50세) 씨가 에드워드 코스(남쪽 코스)의 길이 146m(파 3) 7번 홀에서 7번 아이언으로 젝시오 제품인 77번 공을 쳐 홀인원을 했다. 결국 777데이 에 7번 홀에서 7번 아이언으로 77번 공을 쳐서 홀인원을 했다. 777-7-7-77이 함께 줄을 선 것이다. 이 씨의 홀인원은 2004년 말 27홀 규모의 이 골프장이 개장한 이후 통산 171번째라고 한다.

동아일보 26736호에서

8이 6개가 나란히

2008년은 중국 북경(Beijing)에서 올림픽을 여는 해이다. 중국 사람들은 8을 좋아한다. 그래서 888은 "돈을 많이 번다."는 뜻이다. 중국정부는 2008년 올림픽을 8을 많이 넣어 개막할 것으로 알려졌다. 2008년 8월 8일 8시 8분 8초에 올림픽이 개막될 것으로 전해졌다. 그러나 정작 올림픽의 개막은 당초 개획을 바꾸어 2008년 8월 8일 8시에 시작했다. 그래도 8이 네 개이다.

편저자 박형용

1이 12개가 나란히

금년(2011)은 합동신학대학원이 설립 된지 31주년을 맞는다. 합신은 1980년 11월 11일 개교했다. 그래서 2011년 11월 11일 11시 11분 11초에 맞추어 31주년 개교기념 예배를 시작한다면 1 자가 12개 나란히 서게 되는 신기록을 이룬다. 아마 기네스북에 오를 수 있는 기록이요 앞으로 깨지기 어려운 기록이기도 하다. 천년에 한번 맞이 할 수 있는 기회이다. 합신 리더들이 그렇게 한 번 시도하면 어떨지 생각해 본다. 그런데 금년 합신 개교기념 예배를 2011년 11월 10일(목)에 드렸다.

2010년 12월 17일 발상
편저자 박형용

2000년대는 욘족(Yawns) 시대

1980년대는 여피(Yuppies: Young urban professionals)족의 시대였다. 여피족은 도시에 사는 젊은 전문직 고소득층의 사람들을 가리킨다. 1990년대는 보보스(Bobos: bourgeois bohemians)족 시대였다. 보보스족은 히피처럼 자유 지향적이면서도 귀족처럼 사는 사람들을 가리킨다. 그런데 2000년대는 욘족(Yawns)의 시대가 등장했다. 욘족은 영어의 "Young and wealthy but normal" 의 첫 글자를 따서 만든 것이다. 욘족은 "젊고 돈이 많지만 평범한 생활을 영위하는 사람들"이란 뜻이다. 이들은 자신의 능력으로 많은 부를 축적했지만 수수하고 검소하게 생활한다. 그리고 혼자 잘 먹고 잘사는 것보다 자선사업을 하고 빈곤 퇴치에도 노력한다. 요즈음 욘족으로 불리는 사람은 온라인 거래회사 사이버코프의 필립 버버(47세), 마이크로소프트 회장 빌 게이츠, 야후의 설립자 제리 양, 이베이의 공동 창업자 피에르 오미드야르 와 같은 사람들이다. 이들은 아프리카의 가난한 나라에 학교와 병원을 건축하는데 기부하거나 재산의 대부분을 자선재단 설립에 기부하거나 좋은 일에 그들의 부를 사용한다.

2007, 7, 13 Wall Street Journal(박형용 전언)

빌리 그래함의 겸손

노스캐롤라이나 샬롯(Charlotte, N.C.)에 가면 빌리 그래함(Billy Graham) 기념박물관이 있다. 그런데 이 박물관에 들어가고 나오는 출입구가 높이 약 133m(40 feet)의 십자가로 되어있다. 처음에 이 십자가 모형의 출입구를 만들 때 집안 식구들까지도 의견이 나뉘었다. 그런데 2007년 3월 31일 비공개의 헌당식에는 카터 전 대통령, 클린턴 전 대통령, 부시 전 대통령 등 유명인사와 1500명이나 되는 축하객들이 모였다. 그런데 이날 현재 뇌에 물이 고이고, 전립선 암, 파킨슨병을 앓고 있는 빌리 그래함(88세)이 박물관을 둘러본 후 한 가지 불평을 했다. 그 불평은 "빌리 그래함이 너무 드러났다"(Too much Billy Graham)는 것이라고 그의 아들이 전했다.

World magazine(June 9, 2007)
편저자 박형용 전언

유월절 하가다 노래
(Passover Haggadah Song)

누가 숫자 넷을 아는가?
내가 넷을 알지요.
넷은 여 족장들이지요(레아, 라헬, 실바, 빌하).
셋은 족장들이지요(아브라함, 이삭, 야곱).
둘은 언약의 두 돌 판이지요.
하나는 우리들의 하나님이시지요.

"Who knows four?
I know four.
Four are matriarchs;
three are the patriarchs;
two are the tablets of the covenant;
one is our God…"

(N. Goldberg, *Passover Haggadah,* New York: Ktav, 1949, 1966, p. 45)

이름과 웃음

한국에서 제일 긴 사람의 이름은 "박 하늘 별님 구름 햇님 보다 사랑스러우리"(17자, 경기도 안산 거주)이다.

한국에서 두 번째 긴 사람의 이름은 "황 금독수리 온 세상을 놀라게 하다"(14자, 경북 예천 거주 황기호씨 아들, 85년생)이다.

박 초롱 초롱 빛나리(1990년생, 유괴된 아이)라는 이름을 가진 아이도 있다.

세종대왕 탄신 600 주년 기념과 한글 제정 551주년 한글날(1997, 10. 9)에 가장 좋은 이름으로 상을 받은 이름은 다음과 같다.

정 가득히

이 달처럼

이 별처럼

남 웅기 목사(대구 바로선 교회)의 자녀들의 이름은 다음과 같다.

남 이사

남 달리

남 이랑

문 상득 목사(대구 영안 교회) 6촌 형은 "문"자가 좋아서 이름을 "문 문문"으로 지었다.

그리고 시 금석, 임 신중, 시 승일(서울시직원), 유 별나, 한 심한, 사 형수, 김 치국, 이 호선(지하철), 사 기한, 송 충이, 정 신대, 나 죽자, 오 만한, 이 가인(Kain), 강 철판 등의 이름도 있다.

편저자 박형용

사회생활에 필요한 용어들

이태백- 20대 태반이 백수

삼태백- 30대 태반이 백수

사오정- 45세 정년

조기- 조기퇴직

명태- 명예퇴직

황태- 황당하게 퇴직

동태족- 한겨울에 퇴직한 사람

알밴 명태족- 퇴직금을 두둑이 받은 명퇴자

생태족- 해고 대신 타부서로 전출당한 사람

고공족- 고시, 공무원 시험 동시 준비하는 사람

한손으로는 헬라어 다른 손으로는 라틴어 쓰는 사람

미국의 20대 대통령 제임스 가필드는 양손잡이(아주 솜씨가 있는)였고 몇 개국의 말을 할 수 있었다. 그는 한 손으로는 헬라어를 다른 손으로는 라틴어를 동시에 쓸 수 있었다.

(James Garfield, 20th president of the United States, was both ambidextrous and multilingual and could write Greek with one hand while writing Latin with the other.)

편저자 박형용

이명박 정부의 신조어

이명박 정부가 2008년 2월 25일(월) 5년을 임기로 출범하였다. 정부 구성을 위해 대통령 수석과 장관을 임명하는 과정에서 다음과 같은 신조어가 등장했다. 우리는 이런 신조어가 주는 의미를 통해 지도자가 어떻게 다스려야할 것인지를 배워야 한다.

"고소영 S라인"- 대통령 수석과 장관으로 임명된 인사들이 고려대, 소망교회, 영남, 서울시청과 관계있는 사람들이 많다는 뜻.

"강부자 내각"- "강남의 부동산 부자 내각"을 줄인 말. 정부에 입각한 사람들이 강남에 부동산을 많이 가지고 있어서 생긴 말.(평균 39억 원이라 함)

"영남 향우회"- 법무장관, 검찰총장, 경찰청장, 대통령 민정수석, 국가정보원장을 가리켜 5대 사정, 정보 기관장이라 부르는데 이 기관들의 장이 모두 영남 출신이 임명된 데서 생긴 말.

그런데 "고소영 S라인" "강부자 내각" "영남 향우회"라는 신조어를 만든 이명박 정부는 결국 취임 117일 만(2008년 6월 20일)에 청와대 수석 비서진을 교체하기에 이르렀다.

편저자 박형용

역대 마라톤 랭킹 5걸

마라톤은 42.195km를 달리는 장거리 경주이다. 초인적인 노력과 인내가 없으면 완주하기 힘든 경기이다. 성경은 신자의 삶을 마라톤 경주와 자주 비교하고 있다. 다음은 2008년 9월까지의 마라톤 랭킹 1위부터 5위까지의 기록이다.

1. 2007년 9월 30일(베를린) 하일레 게브르셀라시에(에티오피아) 2시간 4분 26초. 이 기록은 매 100m를 17.69초에 뛴 셈이다.
2. 2003년 9월 28일(베를린) 폴 터갓(케냐) 2시간 4분 55초
3. 2003년 9월 28일(베를린) 새미 코리르(케냐) 2시간 4분 56초
4. 2002년 4월 14일(런던) 할리드 하누치(미국) 2시간 5분 38초
5. 2011년 9월 25일(베를린) 패트릭 마카우: Patrick Makau(26세, 케냐) 2시간 3분 38초

* 2000년 2월 13일(도쿄) 이봉주(한국) 2시간 7분 20초

편저자 박형용

인간 탄환 이야기

인간의 원초적 능력을 테스트하는 경기 중의 가장 기본적인 경기가 100m 경주이다. 그런데 2008년 6월 1일 뉴욕에서 열린 리복그랑프리 육상대회 남자 100m에서 9초 72를 기록했다. 이는 남자 100m의 세계기록이다. 1968년에 짐 하인스(미국)가 9초 95로 10초벽을 무너뜨리고, 1991년에는 칼 루이스(미국)가 9초 86을 기록했다. 1999년에는 모리스 그린(미국)이 9초 79를 기록했다.

한국은 1979년 멕시코 유니버시아드에서 서말구 씨가 10초 34로 100m를 주파했는데 그 기록이 29년째 깨지지 않고 있다.

편저자 박형용

발명왕인 여인들

방탄조끼(bulletproof vests), 화재 피난 장치(fire escapes), 방풍유리 닦기(windshield wipers), 그리고 레이저 인쇄기(laser printers) 등이 모두 여인에 의해 발명되었다.

편저자 박형용

아이젠하우어(Eisenhower) 고속도로

아이젠하우어 고속도로는 매 5 마일 마다 1마일은 직선으로 설계되었다. 이렇게 직선으로 설계된 1 마일은 전쟁이나 혹은 응급 시에 비행기 활주로로 쓰기 위해서였다.

(Did you know that the Eisenhower Interstates System requires that one mile in every five must be straight. These straight sections are usable as airstrips in times of war or other emergencies.)

편저자 박형용

미국독립선언서와 서명

토마스 제퍼슨(Thomas Jefferson)이 기초한 미합중국 독립선언서에 오직 두 사람만이 1776년 7월 4일에 서명했다. 그들은 죤 핸콕(John Hancock)과 챨스 톰슨(Charles Thomson)이다. 대부분의 사람은 8월 2일에 서명했고, 마지막 서명은 5년 후에야 첨가되었다.

(Did you know that only two people signed the Declaration of Independence on July 4, John Hancock and Charles Thomson. Most of the rest signed on August 2, but the last signature wasn't added until 5 years later.)

편저자 박형용 제공

셰익스피어가 직접 쓴 자신의 묘비

셰익스피어(William Shakespeare)는 인도 전체와도 바꾸지 않겠다고 할 만큼 영국이 귀하게 생각하는 대 문호이다.

그의 무덤이 스트래트포드 온 애본(Stratford-on-Avon)에 있는 Holy Trinity Church에 있다. 그의 무덤 묘비에는 셰익스피어 자신이 쓴 묘비문이 새겨져 있다.

"Good friend, for Jesus' sake forbear
To dig the dust enclosed here.
Blest be the man who spares these stones,
And curst be he who moves my bones."

(선한 친구여,
아무쪼록 여기 무덤을 덮고 있는 흙을 파내지 마시오.
이 돌들을 그대로 남겨두는 사람에게 복이 있으리로다.
그리고 나의 유골을 옮기는 자에게는 저주가 있으리로다.)

천재 대문호 셰익스피어의 작품치고는 잘 쓴 것이라고는 할 수 없지만 셰익스피어는 그의 뜻을 분명히 했다. 그는 자신의 무덤이 훼손되거나 이동되는 것을 원치 않았다.

편저자 박형용

아인슈타인과 하나님
(Einstein and God)

하나님과 하나님의 개념을 경시하는 알버트 아인슈타인의 친필 편지가 런던의 경매장에 나타나(2008년 6월) 400,000불 이상의 값으로 팔렸다. 이 편지는 물리학자가 1955년 사망하기 1년 전에 쓴 것으로 하나님을 "인간 연약성의 산물"이라고 불렀고, 기독교 성경을 "존경할 만한 것의 모음집이지만 원시적인 전설들로 아주 유치한 것"이라고 말했다.

비록 그는 인격적이고 도덕적인 심판자의 개념을 배격했지만, 그는 같은 강도로 하나님이 존재하지 않는다는 개념을 인정하지 않았다. 그는 "나의 제한된 이해로 내가 인식할 수 있는 우주의 그런 하모니의 관점에서 볼 때, 하나님이 없다고 말하는 사람들이 아직 있다. 그러나 나를 진정으로 화나게 만드는 것은 그들이 그런 견해의 지지를 위해 나를 인용한다는 사실이다."

(A handwritten letter from the pen of Albert Einstein, which belittles the Bible and the concept of God, surfaced at a London auction this month(June 2008), where it sold for more than $400,000. Written a year before the physicist's death in 1955, the note calls God a "product of human weakness" and disregards Jewish and Christian Scripture as "a collection of honorable but still primitive legends which are nevertheless pretty childish."

Though he rejected the concept of a personal and moral judge, he rebuffed with equal force the notion that God does not exist: "In view of such harmony in the cosmos which I, with my limited human understanding, am able to recognize, there are yet people who say there is no God. But what really makes me angry is that they quote me for the support of such views.")

편저자 박형용 번역
World Magazine, p. 17
May 31/June 7, 2008

IQ 측정 불가능한 사람

건국대학교 신기술융합과 교수인 앨리아 사버(2008년, 19세)씨는 세계 최연소 대학교수가 되었다. 기네스 재단은 1989년생인 사버교수가 만 18세에 교수로 임용되었기 때문에 기존 최연소 대학교수 기록인 만 19세를 갱신했다고 밝혔다. 사버교수는 1999년 열 살의 나이로 미국 스토니브룩대학에 입학하여 14세에 졸업했다. 그리고 졸업 후 뉴올리언스 서던대학에서 강사로 가르쳤다. 그런데 사버교수의 지능지수는 "숫자로 계산할 수 없는 최고 한계"를 넘는 지수이다. 사버교수는 "나노 재료 기술을 연구해 실제 생활에 도움을 주도록 노력하겠다"고 자신의 포부를 밝혔다.

동아일보 한상준 기자 보고에서 요약
2008년 6월 20일(금)

고양이의 낙법

연구의 결과가 보여주는 바로는 건물의 7층에서 떨어진 고양이는 20층에서 떨어진 고양이보다 30%정도 살아날 가능성이 적다. (Studies show that if a cat falls from the seventh floor of a building it has about 30 percent less chance of survival than a cat that falls from the 20th floor.)

믿기 어려운 일이지만 20층에서 떨어지는 고양이는 처음에 당황하다가 초속 20m 정도로 떨어지면 공기의 저항을 받아 일정속도로 떨어진다. 이때부터 고양이는 제정신을 차리고 아래를 보면서 몸을 낙하산처럼 펼친다. 거의 땅에 다다르면 서서히 다리를 움츠려 사뿐히 착지한다. 7층에서는 너무 급한 나머지 준비되지 못한 상태로 떨어지기 때문에 더 많은 상처를 입는다. 하지만 더 높은 곳에서 떨어질지라도 준비된 상태로 떨어지면 살아남을 가능성이 더 많다. "호랑이에게 물려가도 정신만 차리고 있으면 살수 있다"라는 격언과 통하는 원리이다.

(힘내라 힘내 p 270에 있으나 영어가 전혀 없어 여기에 영어와 함께 소개한다.)

안식일과 절반의 얼굴면도

주남선 목사님이 계신다. 주 목사님은 신사참배를 반대하신 이유로 일제 치하에서 옥고를 치르셨다. 그래서 한국교회는 주목사님을 "옥중 성도"라고 부른다. 해방이 되어 주목사님은 거창교회(대한예수교장로회 고신측)의 담임목사로 수고하셨다. 주목사님은 겸손한 목회자셨다. 그가 1945년 12월에 열린 경남 노회에서 노회장으로 당선되자 "사랑하는 동역자 여러분, 얼마나 수고가 많았습니까? 이 사람은 형무소 안에서 바깥세상을 모르고 주님만 생각하고 살아왔기 때문에 어떻게 세월이 지나가는 줄도 모르고 살아 왔습니다만 여러분은 직접 일본 사람들의 통치를 받으면서 살아가자니 참으로 수고가 많았습니다."(심군식, 해와 같이 빛나리, 260쪽)라고 겸손하게 말했다.

그런데 이런 일이 있었다. 주남선목사님이 거창교회를 목회하실 때 토요일 저녁 늦게 주일을 위해 면도를 시작했다. 그런데 주목사님이 코 밑 수염 절반 정도를 면도하셨을 때 시계가 자정을 알리는 땡 소리를 울렸다. 주목사님에게는 그 시로부터 안식일이 시작된 것이다. 그래서 주목사님은 하던 면도를 멈추고 주일을 맞이했다. 주일 아침 설교시간에 주목사님은 한편은 면도된 얼굴, 다른 편은 면도되지 않은 얼굴로 성도들 앞에 나타나셔서 설교하셨다. 비록 동의는 할 수 없지만 안식일을 철저히 지키시고자 하시는 주목사님의 믿음을 엿보게 된다.

2008년 9월 12일 12시 경
서울성경신학대학원대학교 교무실에서
차영배 교수 증언

입덧은 태아의 자기방어

여성이 임신을 하면 입덧(악조증: morning sickness)을 한다. 식욕부진은 말할 것도 없고 음식을 보기만 해도 속이 메스꺼워 구역질을 한다. 그리고 입덧을 심하게 하는 임신부가 있는가 하면 가볍게 넘어가는 임신부가 있다. 이 경우 어느 쪽 산모가 더 건강한 아이를 낳을까? 입덧은 태아가 모체의 행동에 영향을 미치는 일이다. 다시 말하면 입덧은 태아가 스스로 자기를 지키는 긴요한 생리현상이다. 임신 3, 4개월까지는 태아의 기관발생이 가장 활발하여 중요한 기관이 거의 다 형성되는 시기다. 신비롭게도 이 기간이 지나면서 입덧의 굴레에서 벗어난다. 입덧하는 기간에 산모가 바이러스, 곰팡이, 세균에 감염된 음식이나 태아의 기관형성에 방해가 되는 것들을 먹으려하면 태아는 자기 방어를 위해 산모에게 입덧을 하게 만든다. 그러므로 입덧이 심하면 심할수록 더 건강한 아이를 낳는다. 어머니는 오심구토로 쓰디쓴 고생을 하지만 태아는 엄마 건강을 아랑곳 하지 않고 자기 건강을 위해 자신을 보호한다.

권오길 강원대 명예교수, 생물학

동아일보 2008년 8월 25일(월) 과학 세상에서 발췌

수영천재 마이클 펠프스

2008년 베이징 올림픽에서 마이클 펠프스는 8관왕에 올랐다. 그는 어릴 적 주의력 결핍 아동이었다. 그런 아이를 수영을 하게하여 주의력 결핍을 고쳤다. 펠프스는 개인 혼영 400m(4분03초84:세계기록), 계영 400m(3분08초24:세계기록), 자유형 200m(1분42초96:세계기록), 접영 200m(1분52초03:세계기록), 계영 800m(6분58초56:세계기록), 개인혼영 200m(1분54초23:세계기록), 접영 100m(50초58:올림픽기록), 혼계영 400m(3분29초34:세계기록)에서 금메달을 땄다. 그는 돌핀킥 익히려고 8kg 납벨트 차고 훈련을 했다. 팔관왕은 그냥 이루어진 것이 아니다.

편저자 박형용

2007년 한국교회 성장 답보상태

2007년 12월말 각 교단의 성도수를 보면 예장합동이 291만2476명, 예장통합이 268만 6812명, 기감이 155만 7509명, 예장고신이 47만 4407명, 기장이 33만 7570명으로 나타났다. 특히 예장고신은 한해에 2만 6000명이 감소한 것으로 집계 되었다.

반면 교회 수에서는 예장합동이 1만 1112교회, 예장통합이 7671교회, 기감이 5913교회, 예장고신이 1689교회, 기장이 1580교회로 집계되었다. 이 숫자는 2006년과 비교할 때 예장합동이 207교회, 예장통합이 196교회, 기감이 88교회, 기장이 14교회, 예장고신이 10교회 증가한 수치이다.

이 수치를 근거로 분석하여 평균을 잡으면 예장합동은 한 교회당 262명, 예장통합은 350명, 기감은 263명, 예장고신은 280명, 기장은 213명이 된다. 예장합동은 교인 수와 교회 수가 교단 중에서 가장 많지만 평균을 잡으면 예장통합에 비해 거의 100명 정도 적다. 이는 각 교회의 건실성과 관계가 있다.

대학공부를 하지 않은 미국 대통령

지금까지 아홉 명의 미국 대통령이 대학에 가 보지 않았다. 그들은 워싱톤, 잭슨, 밴 뷰렌, 테일러, 필모어, 링컨, 앤드류 죤슨, 클리브랜드, 그리고 트루만이다.

Nine presidents of the United States never attended college: Washington, Jackson, Van Buren, Taylor, Fillmore, Lincoln, Andrew Johnson, Cleveland, and Truman.

편저자 박형용

미국 의회의 신앙 지수

2009년 1월 6일 미국의 상원과 하원이 111번 회기를 개원한다. 이번 회기의 의원들의 종교 분포를 보면 미국의 흐름을 가늠해 볼 수 있다.

미국국민들의 종교 분포는 개신교 51.3% 캐톨릭 23.9% 그리고 무종교 16.1%로 집계된다.

상하 양원의 경우는 개신교 54.7%, 캐톨릭 30.1%, 몰몬 2.6%, 유대인 8.4%, 타종교 3.3%이며, 밝히지 않은 의원이 0.9%이다.

상원만 계산하면 개신교 53.5% 캐톨릭 26.3% 몰몬 5.1% 유대인 13.1% 타종교 2.0%이다.

하원만 계산하면 개신고 54.9% 캐톨릭 31.0% 몰몬 2.1% 유대인 7.4% 타종교 3.6% 그리고 밝히지 않은 의원이 1.1%이다.

2009년 1월 17일
World Magazine, p. 9에서
by Kristin Chapman

지구를 네 바퀴 뛴 "국민 마라토너" 봉달이

2009년 3월 15일(주일)에 있었던 서울국제마라톤 및 동아마라톤에서 이봉주(봉달이)가 42.195km 의 마라톤을 40번째 완주했다. 봉달이는 이번 마라톤에서 2시간16분 46초로 전체 14위이자 국내 선수로는 8위를 기록했다. 그는 이번 마라톤을 끝으로 은퇴한다. 그런데 봉달이가 그의 일생에 뛴 거리를 종합하면 지구(약 4만192km)를 4 바퀴이상 돈 셈이다.

편저자 박형용

우리 "몸의 비밀"

★ 피가 몸을 완전히 한 바퀴 도는 데에는 46초가 걸린다.

★ 혀에 침이 묻어 있지 않으면 맛을 알 수 없다. 코에 물기가 없으면 냄새를 맡을 수 없다.

★ 갓난아기는 305개의 뼈를 갖고 태어나는데 커 가면서 여러 개가 합쳐져서 206 개 정도로 된다.

★ 두개의 콧구멍은 3~4시간마다 그 활동을 교대한다. 한 쪽 콧구멍이 냄새를 맡는 동안 다른 하나는 쉰다.

★ 뇌는 몸무게의 2%밖에 차지하지 않지만 뇌가 사용하는 산소의 양은 전체 사용량의 20%이다. 뇌는 우리가 섭취한 음식물의 20%를 소모하고 전체 피의 15%를 사용한다.

★ 피부는 끊임없이 벗겨지고, 4주마다 완전히 새 피부로 바뀐다. 우리는 부모님이 물려주신 이 천연의 완전 방수의 가죽옷을 한 달에 한 번씩 갈아입는 것이 된다. 한사람이 평생 동안 벗어버리는 피부의 무게는 48kg 정도로 1,000번 정도를 새로 갈아입는다.

★ 우리의 키는 저녁때보다 아침때의 키가 0.8cm 정도 크다. 낮 동안 우리가 서 있거나 앉아있을 때 척추에 있는 물렁한 디스크 뼈가 몸무게로 인해 납작해지기

때문이다. 밤에는 다시 늘어난다.

★ 우리의 발은 저녁때 가장 커진다. 하루 종일 걸어다니다 보면 모르는 새 발이 붓기 때문이다. 그러므로 신발을 사려면 저녁때 사는 것이 좋다.

★ 인간의 혈관은 한 줄로 이으면 112,000km로서 지구를 두 번 반이나 감을 수 있다.

★ 인간의 뇌는 고통을 느끼지 못한다. 가끔 머리가 아픈 것은 뇌를 싸고 있는 근육에서 오는 것이다.

★ 남자의 몸은 무게가 여자보다 많이 나가지만 남자가 60%, 여자는 54%가 물로 되었기 때문에 대개 여자가 술에 빨리 취한다. 그러나 여자는 지방을 더 많이 가지고 있어 이것이 더 아름답게 만든다.

★ 아이들은 깨어 있을 때보다 잘 때 더 많이 자란다.

★ 지문이 같을 가능성은 64.000.000.000 대 1 이다. 그러므로 이 세상 사람들의 지문은 모두 다르다.

★ 근육은 한 단어를 말하는데 650 개중 72 개가 움직여야 한다.

갈릴레오의 화체설 부인

일반적으로 갈릴레오 갈릴레이 (Galileo Galilei: 1564~1642)가 지동설을 주장했기 때문에 1633년 종교재판을 받은 것으로 알려졌다. 그런데 갈릴레오가 교황을 인격적으로 모독했다는 사실을 조사하기위해 임명된 특별조사위원회는 1624년 누군가가 익명으로 1623년에 나온 갈리레오의 책 "시금사"(試金師: 금의 함량을 분석하는 사람)를 고발한 사실이 적힌 문서를 발견했다. 그 책에서 갈리레오는 가톨릭 신앙의 핵심인 성찬식의 '실체 변화'(화체설: Transubstantiation)에 의혹을 제시했다.

화체설은 성찬식 중에 빵과 포도주의 실체를 하나님이 그리스도의 몸과 피로 바꾼다는 교리이다. 화체설은 토마스 아퀴나스를 비롯한 12, 13세기 신학자들이 만물이 실체(영혼)와 우유성(偶有性: 육체)의 이중적인 속성을 지닌다는 아리스토텔레스(Aristotle)의 가설을 토대로 만든 이론이었다. 그런데 '실체는 변해도 우유성(육체)은 양향을 받지 않기 때문에 그리스도의 몸과 피로 바뀌어도 빵과 포도주의 모습과 맛은 그대로다'는 이론을 갈릴레오는 받아드릴 수 없었다. 갈릴레오는 그의 책에서 물질이 다른 물질로 바뀔 때 원래의 특징도 따라서 변한다고 주장했다. 그러므로 화체설은 갈릴레오에게는 불가능한 이론이었다. 1545-1563년 트렌트 공의회(Council of Trent)는 "실체 변화를 부인하는 자에게 저주가 있을 것"이라고 결의했다. 이런 상황을 고려할 때 갈릴레오가 1633년 종교재판을 받은 것은 지동설 관계보다 화체설 부인에 더 많은 무게가 실린다. 재판의 결과는 갈릴레오가 지동설을 진리인양 소개한 "잘못"을 인정하고 물질의 특성 변화를 다시 언급하지 않는 조건으로 극형이 아닌 가택 연금이라는 가벼운 처벌을 받는 것이었다. 이는 그 당시 교회와 갈릴레오 사이에 협상의 결과라고 볼 수 있다.

마이클 화이트, 갈릴레오, 사이언스북스 에서
김명남 옮김

하나님이 가라사대, “쉬면서 하거라”

지 은 이 | 박형용
펴 낸 이 | 오광석

초판 1쇄 발행 2012년 4월 25일

펴 낸 곳 | 도서출판 좋은미래
등록번호 | 제 40호
주　　소 | 425-800 경기도 안산시 고잔동 506-9
전　　화 | 031) 405-0042~4
팩　　스 | 031) 484-0753

ISBN 978-89-951737-8-7-03230

* 책값은 뒤표지에 있습니다.